Mentalist Sai

投資家
メンタリストSai

自分のマインドを自在に操る

超投資法

Super investment technique to control the market freely

最新のメンタリズムで分かった
「失敗しない」
お金の増やし方

KADOKAWA

はじめに

「何をやっても勝てない……」

これほどまでの挫折を味わったことは、後にも先にも初めてでした。

僕は相場に完膚無きまでに叩きのめされてしまったのです。


それまでにも投資関連の本をたくさん読み、それなりに相場経験もありました。自分はトレーダーとして未熟ではないと自負しており、自信もあったのです。

でも、逆にそれが仇となり、自分の力を過信してしまったがゆえに敗北を喫してしまいました。

そして、当時働いていた会社で貰っていた年収以上のお金を一瞬にして飛ばしてしまい、僕は、サラリーマンとして、到底返せるはずのない「700万円」もの負債を抱えてしまったのです。

みなさん、はじめまして。投資家メンタリストSai《サイ》と申します。

僕は、普通のサラリーマンとして働きながら、投資、ＦＸをメインに活動し、前述のように大きな損失を出したことでそれまでのトレード手法を見直し、新たに心理学やメンタリズムを学び、現在は専業トレーダーとして活動しています。

最近では、「メンタリズム＋投資」という唯一無二の存在に興味を持ってくださる方も増え、投資に関する講演やアドバイスをすることも多くなり、また自身の経験をＹｏｕＴｕｂｅで配信したりしています。

そして、この度、いろいろなご縁が重なり、初めて本を出版することになりました。

改めまして、本書では、科学的知見に基づいた最新のメンタリズムや心理学を前提に、どのように考え、行動すれば、投資で失敗することなく勝ち続けることができるのかについてまとめました。

僕のすったもんだのストーリーと絶望を味わった中でその逆境を乗り越える方法を少しでもイメージしてもらい、この群雄割拠する相場の舞台で一人でも多くの投資家の方が利益を上げられるきっかけにし、そして相場を好きになってもらえたらと思っています。

なお、本書は多くの方に読んでいただきたいこともあり、初心者にもわかりやすく、これから投資を始めようとしている方にも伝わるようにできる限り平易に書きました。本とは、著者と読者が通じ合う、対話の場所だと思っています。

もちろん、YouTubeやTwitterなどのSNSで、ご連絡やご意見をいただけたら、いつでも双方向の話し合いや意見交換などをさせていただくこともできますが、まずは本書を読んで僕の投資に関するスタンスを知っていただきたいと思います。

この書籍を介して、あなたと出会えたことに感謝します。

本書でこれから語る僕の投資人生を変えたメソッドが、トレードだけでなく、あなたの人生をも好転させるきっかけの一助となれば幸いです。

投資家メンタリストSai

CONTENTS

［目次］

第1章

投資家が無意識に陥ってしまう「心の罠」を回避する方法

第2章

僕が1ヶ月で700万円の損失を出した本当の理由

第3章

「負けない」投資家に必要な3つの要素

第4章

投資家メンタリストの「失敗しない」投資テクニック

第5章

今後も投資家として「勝ち残る」ための処方箋

装丁：菊池祐
本文図版：清家舞（メタ・マニエラ）
本文DTP：有限会社エヴリ・シンク
校正：あかえんぴつ
編集：小川謙太郎

序章

不確定な投資の世界に最新メンタリズムで最適解を！

「書籍を読んだだけ」では投資で勝てない？

これまで約18年間、相場に携わってきて、わかったことがあります。それは、「投資本をただひたすら読んでいても勝てない」ということです。

僕はこれまで、投資に関する書籍だけではなく、ネットやブログ、数々の講演などにも参加しましたが、残念ながらそれが結果に繋がることはありませんでした。

勉強して学んでいき、新たな手法を試しても、なぜかうまくいかない。そんなことの繰り返しだったのです。

「結果が出ないのは勉強が足りないからだ」と思い、必死になってさらなる知識を詰め込んでいきました。

ただ、そんな健闘むなしく、投資の収支が改善されることはありませんでした。

知識をつけても、実際はその通りできないのが投資の難しいところです。

また、知識として知っていても、それを行動レベルにまで落とし込むのは簡単なことではありません。

中国の王陽明《おうようめい》が唱えた学説に**「知行合一《ちこうごういつ》」**というものがあります。

これは、**「知（＝知ること）と行（＝行うこと）は同じ心の良知で、本当の知は実践を伴わなければいけない」**という意味です。

つまり、いくら投資の知識があっても、それをうまく活用できなければ、知らないのと同じだということです。

特に投資においては、さまざまなバイアスが行動や選択を邪魔するので、知識を行動に移すためには、それなりの訓練が必要となります。

そこで、僕は徹底的に心理学とメンタリズムを学び、先人たちの英知を手に入れることにしたのです。

そして、常に相場に携わり続け、経験値を溜めながら、現在も最新の研究結果、学術論文を読み漁り、常に知識をアップデートし続けています。

この知識と行動の成果は、これから本書の中で全て述べたいと思っています。

僕が本書を執筆しようと思った理由はまさにここで、そういったノウハウと知識とがセットで書かれている本が現状存在しないというのが実情です。

もちろん、他の投資本に書かれていることが、全く役に立たないということでは決してありません。

しかし、情報として書かれていることをそのままインプットしても、残念ながら、トレードの結果に反映されることはないでしょう。

このことは、僕がこれまでの経験から嫌というほど実感しています。

心理やメンタリズムを知らずして、相場で利益を上げることは難しいのです。

本書では、投資における、ひとつひとつの意思決定に心理学や最新の科学的根拠を示しており、科学に裏付けられた投資の「正しいテクニック」を明示しています。

それらを、僕の18年間の相場経験に基づき、実際に試してみて、確実に使えるものだけをご紹介しているので、一般的な投資本との違いは一読すれば、わかっていただけると思います。

また、投資本を読んで、ただひたすら知識をつけていくと、知識脳とでもいうべき、頭でっかちとなり、得てして大衆と同じような行動を取るようになります。そして「負けるべくして負けている」といった状態になってしまうのです。

正しいトレードのやり方というのは、書籍やネットに載っていることをそのまま行うことではありません。

それらを裏読みし、大衆心理を逆手に取った行動をしなければいけません。

重要なのは、そのことを知っている他の投資家がそれを見て、どう判断し、どう行動するかを想定した上で、自分がどういったトレードをするかです。

知識だけをつけても、なかなかそういった行動を取ることはできませんが、心理学とメンタリズムのノウハウを使うことで、それらを一気に解消できるようになるのです。

初心者が相場から退場してしまうたった1つの原因

「9割のトレーダーが負けて1年以内に相場を去っていく」

これは、投資の世界でよくデータとして取り上げられるものですが、これは半分本当で半分嘘でもあります。

誤解を恐れずに言うと、まずそもそも、全体の7～8割のトレーダーが本気でトレードをやっていません。残念ながら、この時点でこの7～8割のトレーダーは淘汰されてしまいます。

そして残りの2～3割が本気でトレードと向き合っており、そのうちの約半分くらいがうまくいくという計算になるので、全体で考えると割合的には「1割くらい」がうまくいくことになります。

つまり、この統計には真面目に知識や技術を取り入れていない人の数も入っているため、1割という圧倒的に少ない数値になってしまっているだけなのです。

逆に言えば、**真面目に正しい知識や技術を習得すれば、勝つ確率はデータよりも大幅に高くなる**ということです。

ただ、初心者が相場を始めるときにはこう思います。

「自分は9割の負けトレーダーには入らない」

相場を始めるときに、そう思ってしまう方は少なくありません。無論、僕もその一人でした。

これは、専門的には**「レイク・ウォビゴン効果」**といって、人は自分のことを平均よりも上だと考えてしまうという、**「認知バイアス」**と呼ばれるものです。

まさか自分が負けトレーダーになるとは誰しもが思っていないということです。人は得てして、自分のことを過大評価しがちなのです。

非営利組織カレッジ・ボードが高校の最上級生82万9000人を対象にした調査によれば、自分のことを「人付き合いが平均より下手だと思っていた」という生徒はなんと1人もおらず、自分が**「人付き合いのうまさが上位1％に入ると思っていた」という生徒は25％もいた**そうです。

さらに車を運転する人に「自分は平均よりも運転がうまいかどうか」を尋ねると、10人中9人が自分を平均より上だと答えるそうです。

人間は恐ろしいもので、「自分だけは大丈夫、自分は他の人とは違う、特別だ」と思ってしまう生き物なのです。

ですが、特別な人間なんていません。

勝っている人は少なからず努力をしています。

その過程で得た知識やスキルを使って、他の人とは違った行動を取っているからこそ、相場で生き残ることができているのです。

図１：レイク・ウォビゴン効果

多くの人が「自分は能力があるから目の前の穴に
落ちるわけがない」と思い込んでいる

レイク・ウォビゴン効果

能力が低い人ほど自己を過大評価する

株もFXもギャンブルではない

現在、日本では終身雇用制度も崩壊し、空前の副業ブームとなっていて、政府も副業推進を謳《うた》っています。

会社にいても思うように給料は上がらず、生涯面倒を見てくれる保証もありません。そういった状況なら、個人で勉強してスキルをつけて、自分自身の力で稼ごうと思う人が増えるのは至極当然でしょう。

また、「老後資金2000万円問題」などを契機に、ミレニアル世代が資産運用に踏み出しており、東京証券取引所によると2019年度の個人株主数は、延べ5672万人と過去最高だったそうです。

僕は現在、株、FX、投資信託など多岐にわたる投資をしていますが、メインで行っている投資はFXです。

FXは、株と違ってリスクが大きく、ハイリスク・ハイリターンのようなイメージがありますが、実際はそうではありません。

しっかりとリスク管理をしていけば、むしろ株よりも少額で始められ、リスクも最小限にすることができます。

ただ、逆に少額から始められる分、気軽に始めた初心者があっさり相場から撤退してしまうケースが少なくありません。それゆえ、どうしてもギャンブル的なイメージがついてしまっているのでしょう。

確かに昔はレバレッジ規制もなく、ハイレバレッジによる取引が可能でした。そのせいでFX取引で借金を作ってしまい、自ら命を絶ってしまう方さえいました。

しかし、今はレバレッジ規制もされ、株よりもリスクが低く、少額から始められることを考えるとむしろ株よりもメリットが多くあるのです。よって、FXは決してギャンブル性の高い投資ではなくなったのです。

ただ、最初に述べたように9割のトレーダーは負けて退場する、という事実がある以上、しっかりと勉強をして正しい知識を取り入れていく必要があります。

僕はどん底を経験してからは、基礎を一から学習し直しました。

その結果、心理学と脳科学の観点から投資を再定義し、より実践的、かつ科学的にも正しい投資スタイルを確立することができました。

こういった紆余《うよ》曲折を経て、悪戦苦闘の日々の末、復活することができたのです。けれども、みなさんには決して同じような経験をしてほしくありません。

だから、本書でなるべく遠回りをしないように、僕が何に打ち込み、苦しみ、成長していったのか、いくつかのエピソードを通じてどのようにブレークスルーを見出していったのか、みなさんに伝えていきたいと思います。

相場で絶対に勝てる方法、俗にいう聖杯や法則というものはありません。

けれども、勝つための考え方や相場への向き合い方、心理学やメンタリズムを駆使することによって、リスクを最小限にして、勝率を最大限までアップさせることはもちろん可能です。

それでは、次の第1章から最新のメンタリズムを投資の場で活用している僕の考えや実際の投資テクニックを、余すところなくお伝えしたいと思います。

第1章

投資家が無意識に陥ってしまう「心の罠」を回避する方法

資金の少ないトレーダーが勘違いしていること

「最初に運用する資金は少なければ少ないほど良い」

これは僕の持論ではありますが、確かな答えだと思っています。

投資は元手が大きければ大きいほど、安定的な収益を得るためには有利となりますが、一方で、デメリットも多くあります。

投資を始めたばかりの時は、技術もスキルもないので、どうしても間違った取引をしてしまいます。

本書でこれから述べる、さまざまなバイアスや罠《わな》、さらにはトレードの不確実性もあるので、初心者の方が、最初から順当に資金を増やしていけるということは、残念ながら殆《ほとん》どありえません。

誤解を恐れずに言うと、最初は、かなりの確率で失敗すると思います。それも比較的大きな失敗を繰り返してしまうでしょう。

実際に、失敗を一度もせずに、稼げるようになったトレーダーは、僕の知り得る限りではいません。

少しネガティブに聞こえるかもしれませんが、最初は誰もがうまくはいかないので、失敗をする前提で、初期投資は極力少なくしたほうが良いでしょう。

投資を始めたばかりで、「自己資金が少なくて悩んでいる」という方をよく見かけますが、特に最初は、資金は少ないままのほうがいいのです。

資金の少ない初期の頃にたくさんの失敗をしておくことで、資金が大きくなったときにも驕らずに、堅実なトレードをすることができます。

逆に、一度も失敗せずに運よく順風満帆にいってしまった場合、それまでの成功を自分の実力だという勘違いをしてしまいます。結果、最後に大損を出してしまう事態にもなりかねません。

最初に小さな失敗を経験しておくことが大切なのです。

グーグルの元ＣＥＯエリック・シュミットがよく語っていた、「フェイル・ファースト

「Fail＝失敗、First＝最初）」というのは、**「早く失敗しよう、損害が少ないうちに失敗しよう」**という意味になります。

これはすでにサービスが終了した「Google＋」の事業継続の判断においても、適用されていた考え方です。

トレードというのは、日々の失敗を経験して、それを改善していき、その繰り返しによって、精度が高まっていきます。

資金の少ない初期の失敗なら、ダメージも少なくて済みます。初期資金の少ないときにたくさんの失敗を経験し、スキルや技術を高めておくことで、いざ大きな金額で勝負をしたときに失敗する確率が下がるのです。

トレーダーには**「成長曲線」**というものがあります。成長曲線というのは、知識や経験を積んでいくことで、結果がどの程度比例してついてくるのか、という判断ができるもののことです。

結論を言ってしまうと、最初の半年〜数年の間は勉強しても、その勉強量に比例した結果がでないことが多いです。

つまり、最初の半年〜数年間は、頑張っても結果が出づらいため、その時期には大きな金額ではトレードをせず、勝負を先送りにするべきなのです。

「三年鳴かず飛ばず」なんていう言葉がありますが、これは3年間、鳴かず飛ばずにいる鳥は、ひとたび飛ぶと天まで上がり、ひとたび鳴けば人を驚かすといった意味です。逆に言えば、この期間を耐えさえすれば、その先に大きな成功が待っているということでもあります。

つまり、初心者の頃は、相場の練習や訓練の期間だと思って、少ない資金で投資を行っていくことが何より大切なのです。

金額が少ないからといって卑屈になる必要もありません。

逆に失敗してもいくらでも取り返しのつく期間なので、最初は相場に学ばせてもらう気持ちで利益は度外視して、経験を積む期間と考えるといいでしょう。

初心者が最初に気をつけるべき罠

初心者が最初に気をつけるべき罠として、心理学者のダニングとクルーガーの2人が提唱した理論の**「ダニング・クルーガー効果」**というものがあります。

これは、能力が低ければ低いほど、自身の能力を過信してしまうという認知バイアスのことです。

つまり、初心者ほど自分が「デキる人間だ」と思ってしまう心理のことです。

学生を対象にした研究で、テストを受けてもらった後に、自分の点数を予想してもらいました。

すると、**「テストの成績が悪い学生ほど、自分の予想点数が高かった」**という実験結果が出たのです。

テストの成績が悪い、つまりは勉強をしっかりしていないということであり、もっと言うとテストを受けたジャンルに対する「初学者（＝初心者）」であるとも言えます。

この研究結果からわかるのは、初心者ほど正確な判断ができずに自分の能力を過信してしまうということなのです。

トレードでもそういった傾向が見られます。

簡単にいうと、初心者ほど、短期的に資金を増やそうとしてしまいます。

例えば、10万円をたった数ヶ月で1000万円とか1億円にしたいと思う、といったことです。

実際のところ、多くの経験を積んだトレーダーであれば、そういったことはかなり難しいことをすでに知っていますし、「そういった考え方自体が危険である」と判断することが可能です。

現在の日本では、銀行預金ではほとんど利子がつかず、プロが運用している投資信託でも、年に5％でまわせればかなり良いほうです。

そういった現実がありながら、初心者の方は短期間に、資金を何倍、何十倍にも増やそうとしてしまうのです。

もちろんリスクを承知の上、レバレッジの高い取引をすれば、可能性はゼロではありません。

しかし、そういったトレードをするにしても、前述したように初期の頃に大きな勝負をすべきではありません。初心者のときはヘタな勝負は挑まず、学びの期間にするのが良いのです。

極端なことを言えば、最初に投資した資金は増やさなくてもいいと思います。

かくいう僕も、この「ダニング・クルーガー効果」の罠に嵌《はま》り、初心者のときには、高いレバレッジをかけ、資産の大半をリスクにさらす取引をしていました。

でも、今ではこの理論を学び、「一度に出して良い損失は資金の2％まで」と決めています。

イギリスの哲学者のバートランド・ラッセルの言葉に、**「世界が抱える問題は、愚か者が自信に満ちあふれていて、賢い者が疑念を抱えていることだ」**というものがあります。

実際、結果を出している人ほど、謙虚な姿勢でトレードに取り組んでいて、知識の少ない初心者ほど、自分の力を過信して傲慢なトレードをしてしまう傾向があります。

やはり最初は、とにかく焦らないことです。

「ダニング・クルーガー効果」を提唱したダニングは、この罠に陥らないための方法として**「結果を急がず、自信を持つべきタイミングを知る」**ということを提案しています。

はじめは、資産の増減をあまり気にせず、エントリーする際には、しっかりとした理由や根拠を持ってトレードをすること。

そして、自信を持つために、予《あらかじ》め自分の手法を仮説検証し、利益の出るときと、そうでないときをしっかり見極められるようにしておく必要があります。

初心者に必要なことは、小手先のテクニックに頼ることなく、まずは投資の真理を知ることです。

そして常に学ぶ姿勢を忘れず、相場とのお付き合いを長期で考えることが大切なのです。

投資家が絶対に捨てなければいけないもの

突然ですが、今からあるテストをします。

あなたは今、一人で映画を観に来ています。その映画の最初の15分が、とてもつまらないと感じたらどうしますか?

多くの人は、「せっかくチケットを買ったのだし、もったいないから最後まで観ていこう」となります。しかし、この「もったいない」と思う感情こそが投資家としては、とても危険な感情になるのです。

投資家としてのベストな選択は、映画がつまらないと感じたら、すぐに映画館から出ることです。

仮にチケット代が2000円程度だとしても、そのまま観続けたら、2~3時間もの時間を無駄にしてしまいます。ならば、すぐに映画館を出て、自分の趣味や勉強の時間に充てたほうがよほど有意義です。

このように回収できなくなってしまった費用のことを**「サンクコスト（sunk cost）」**といいます。

そして、「せっかくお金を出してチケットを買ったのだから、最後まで観よう。もしかしたら、これから面白くなるかもしれない……」という心理で映画を観続けることを**「サンクコストバイアス」**と呼びます。

投資家としての重要な資質は、「躊躇《ちゅうちょ》なく損切りができること」です。

たしかに、チケットを先に買ったのにもかかわらず、途中で映画館を出るには勇気がいります。

最初にお金を払っているので、途中で退出したら損をする感じがするからです。言い換えると、これはチケットの「損切り」でもあります。

１００万円で買った株が50万円まで下がったときに、多くの人は塩漬けにしてしまいがちです。

塩漬け状態にすれば、「損はまだ確定していないので損失ではない」という人もいます。でも、確定するしないにかかわらず、既に50万円まで下落しているので、そのモノの価値は50万円なのはたしかなことです。

投資家たるもの、そこにしがみつくのではなく、費やしたコストに関係なく、価値のないものは損切りをしなければいけません。それよりも大事なものが何かを、もっと考えなければいけません。

ここで重要なのは「次はどうするか？」です。

変えられない過去を悔やんでも、どうしようもありません。

投資家として大成していくためには、変えられないことと変えられることをしっかりと区別して、変えられることに注力していく必要があるのです。

「サンクコストバイアス」については、世界が注目するトップＭＢＡスクールの「ＩＮＳＥＡＤ（インシアード）」が研究を行っています。

最新の研究結果では、「サンクコストバイアス」を回避するためには、その原因となっている過去へのこだわりを手放し、「過去ではなく今の自分に目を向ければいい」ということがわかっています。

費やしてきたコストを見てしまうと、もったいないという心理が働いてしまいますが、それを回避するために、今ここにある自分自身に注目し、過去と今を切り離していく必要があるのです。

また、INSEADのゾーイ・キニアス准教授は、その効果的な方法として、**「マインドフルネス瞑想《めいそう》」**を推奨しています。

このマインドフルネス瞑想は、アップルやグーグル、フォードなどの大企業も社員研修の一環としても取り入れていて、僕自身も習慣化しています。

ここではマインドフルネス瞑想のやり方について詳しく説明するのは割愛しますが、軽く目を閉じ15分程度「いま、ここ」の状態に意識を集中し瞑想を行います。

たったそれだけのことで、過去を忘れ、未来に目を向けて、長期的に良い選択ができるように思考を変化させることができるのです。

瞑想を行うことで「いま、ここ」に集中する能力が高まり、「もったいない」「これだけコストをかけたのだから今さらやめられない」といった負の感情を手放すことができるようになります。

もちろんマインドフルネス瞑想は、「サンクコストバイアス」だけでなく、集中力や客観力の向上、自己抑制、リラックス効果など、さまざまなメリットがあるので、トレードをする前などにも非常におすすめです。

トレード力の向上を妨げる恐るべきバイアス

トレード力の向上のために注意すべき落とし穴は、**「自己奉仕バイアス」**です。

これは**「成功したときは自分の能力だと思い、失敗したときは外的要因のせい」**と考えてしまう思考の偏りのことです。

このバイアスは、人間にもともと備わっているもので、本来は失敗によって自分の心を傷つけないための防御本能の1つです。

こうすることで、無意識に自己肯定感を守っているというわけです。

しかし、このバイアスは自己成長の大きな妨げになります。

トレードにおいては、失敗を外部の要因のせいにしてしまうと、自省ができず、同じ失敗をいつまでも繰り返してしまうからです。

かくいう僕も初心者の頃には、損失を出したときには、「相場環境が悪い」「値動きがおかしい」と言い、逆にうまくいったときは、自分のトレードが良かったからだと傲慢になっていました。

失敗を自分以外のモノのせいにし、その原因から目をそらしてしまうと、トレードの改善ができず、また同じような失敗を繰り返してしまいます。

過度に自分を責めてしまうのはよくありませんが、基本的に、失敗したときは自分に原因がある、という「自責思考」で考えることが大切なのです。

仮に、自分に原因がなかったとしても、ひとつひとつのトレードの改善点を考えることは価値のあることです。

ただ、過去の僕も含め、多くのトレーダーが同じ過ちを繰り返してしまっているのが現実です。

それはいったいなぜでしょうか?

人間の記憶というのは曖昧で、過去に行った失敗トレードを改善せず、同じようなことを繰り返し、資金を減らしてしまいます。

トレード力の向上のためには、「失敗から学ぶ」ということが不可欠です。そのためには、自分の行ったトレードを記録として残しておき、過去に行ったトレードを分析し、改善点を見出していく作業が必要なのです。

手取り早く勝つために、他人のうまくいった手法を真似たがる人がいます。しかし、実際のところ、トレードは完全なオートメーション化（機械化・自動化）が難しいため、他人の手法をそのまま真似ても利益を出すことは難しいです。このことはあとで詳しく述べることとします。

もし、一定の法則を使って利益を得ることができても、それ自体は一過性のものにすぎないので、地合いが変わったときに対応ができなくなります。

会社経営や他のビジネスなどでは、真似をすることでうまくいくことが多いですが、トレードにおいては、その人の環境や資金量、性格や心理状態などによっても違ってくるので、成功者の真似をしても、うまくいくとは限らないのです。

僕自身も、過去にさんざん他人の手法や書籍に載っている手法を試しましたが、結局のところ、自身の失敗を改善することで得たトレードのスキームが一番収支の改善には役に立ちました。

これらは一見遠回りのように感じるかと思いますが、自分の失敗トレードを何度も振り返ることが大事です。

同じ失敗を繰り返さないようにしていくことは、トレード力の向上には不可欠です。面倒な作業に感じるかもしれませんが、失敗トレードを、ひとつひとつ改善していくことが、結局のところ、トレード力の向上のための近道になるのです。

「トレードに聖杯（ずっと勝ち続けられる秘法の類のこと）は存在しない」と頭ではわかっていても、どうしても必勝法の類を探してしまいます。

ですが、成功に行き着くまでの真っ直ぐな道というのはありません。

逆に最短最速でたどり着くためには、自分の失敗からひとつひとつ学んでいくしかないのです。

この「自己奉仕バイアス」の罠には、うまくいっているときほど引っかかりやすいといわれています。

常に驕らず、自分の能力を過信しないように気をつける必要があるのです。

失敗を自分のモノとして受け入れ、改善していくことが、トレード力の向上への近道なのです。

ビジネスとは異なり「TTP」でも勝てないのが投資

「TTP」という言葉をご存じでしょうか?

ビジネス書や自己啓発書でよくでてくる言葉ですが、「徹底的にパクる＝Tettei Tekini Pakuru」を略して、TTPと言われています。

ビジネスでうまくいっている企業や成功者の行いを完全に真似していくという手法で、それこそが成功への最短ルートである、とよく紹介されているのです。

これは投資の世界にも当てはまるのでしょうか?

トレードでも「うまくいっている人の手法を真似る」、つまり「他人の手法を真似る」ことが手っ取り早いと思う人もいるかと思いますが、実は相場ではそういったことは難しいのです。

もちろん僕自身も、ネットや書籍などで手法やテクニックを参考にすることはありますが、外から得た知識とそれまでに自分がインプットしてきた知識や経験をアレンジした上で投資判断を行っています。

単純に「移動平均線のゴールデンクロスで買いでエントリーする」とか「ＲＳＩの数値が30％以下だから買いでエントリーする」といったことなら真似をすることもできるかもしれませんが、実際そういった取引では継続的に利益を上げることはできません。

なぜなら、投資で大切なことは、常にトレードをしながら「自分の頭で考える」ことだからです。

世界的な投資家のウォーレン・バフェットも、**「私は読み、そして考える。よりたくさんのものを読み、考えるからこそ、大多数の人と比べて、私は衝動的な判断をすることが少ない」**と言っています。

投資は誰かに教えてもらわないとうまくならないと考えがちですが、教えられることに依存し、自分の頭で考えられなくなると、逆に利益を出し続けることはできなくなっていきます。

トレードは基本的に、自分ひとりで考えてやるものです。誰かに教わって、そのまま真似るとか、参考にするということが習慣化してしまう、つまりは「マニュアル化」をしてしまうと、ある一定のところまではいけても、いずれ行き詰まることになります。

なぜなら、相場というものは、常に一定であるなどということはなく、また、誰かのトレードの時と同じ条件である、ということもないからです。

結局のところ、時間がかかったとしても、自分で自分なりの方法論を見つけることが大事なのです。

そうすれば、いざ想定外の壁にぶつかったときにも、自身で対策を考えて、打破することができます。

かくいう僕も昔は自分で考えずに人の手法を真似し、わからないところは人に聞いてばかりいました。

ですが、この「自分の頭で考える、調べる」という過程で得られるものは大きく、最終的な答えを、自分自身で見つけ出す必要があります。

そうすることで、結果として最短で自分自身に合った投資手法やスタイルを獲得することができるのです。

他人のトレードを参考に、手法作りのきっかけとして取り入れるのは良いと思いますが、そもそも、その人の頭の中の子細な部分まですべて真似るというのは不可能です。8割は他人の真似をしたとしても、残りの2割は自分で構築する必要があります。

10割コピーで勝っているトレーダーは、僕の知る得る限りではいません。

結局のところ、自分の過去のうまくいったトレードや、失敗から学ぶしかないのです。収支がプラスになった理由、マイナスになった理由を見つけ出すこと。

そういった分析を継続して行い、2割の部分を自分の脳みそで考えることで、自分に合った自分だけの優位性を持ったトレードができるようになります。

投資を始める「本当に」正しい手順とは？

「トレードを始めたいのですが、まず何をすればいいですか？」

これは、初心者の方から聞かれるもっとも多い質問です。

結論としては、とりあえず書籍は読んでおいたほうがいいです。基本的なやり方やルールなどを知るために、「入門書」的な本を読んでおくといいでしょう。

現在は「マンガで分かる」といったものも出ており、入門書選びに困ることはないかと思います。

続いては、オリバー・ベレスとグレッグ・カプラの著書『デイトレード』（日経ＢＰ社）がおすすめです。これは何度読んでも学びのある本なので、繰り返し読んでいくといいと思います。

また、マーケットのランダム性や本質を知っておくために、田渕直也の著書『図解でわかるランダムウォーク&行動ファイナンス理論のすべて』(日本実業出版社)も押さえておいたほうがいいでしょう。

そして、ある程度、知識によって投資の大枠を掴んだら、実際にトレードをすべく、口座を開設しましょう。

前述したように、最初は投入する金額を少額にします。

最初にデモトレードから始めるのも良いですが、簡単なツールの使い方を習得できたら、リアルトレードを始めましょう。

バーチャルのお金を運用するのとリアルのお金を運用するのとでは、心理面の感じ方が全く異なるからです。

やはり、恐怖心や欲望がトレードに与える影響を肌で感じるためには、リアルでトレードをするしかないと考えています。

ただ、デモからリアルなトレードに切り替えても、いきなり資金を増やそうとしてはいけません。

これまでに何度も述べている通り、天賦の才でも持っていない限り、最初からうまくいくということはまずありません。むしろ失敗する前提で考えてください。

最初は訓練の期間と割り切り、練習のための費用と考えるのが良いです。

ここで変に欲を出すと、トレードに悪影響が生じてしまうので、あえてお金のことは考えず、学びの期間と考えると良いでしょう。

ヘッジファンドやプロップファームで新人トレーダーの教育として使われている**「スクラッチトレード」**というものがあります。

簡単にいうと、「ポジションを持った後に、収支がプラスマイナスゼロになったら決済」という作業をこなしていく特殊な練習方法のことです。

一見簡単なように聞こえますが、実は難しく、3週間ほど行うことをおすすめします。

「エントリールールを決めて、その通りにエントリー」するというのは、気が遠くなる作業かもしれませんが、アップルやIBMなどの世界的大企業のリーダーシップコーチであるロビン・シャーマによれば、**「人間は何らかの行為を3週間続けることができれば、無意識にその行為を『習慣』として続けることができる」**そうです。

トレードにおいて、「ルールに従う」ということは、絶対条件です。

「スクラッチトレード」を通して、習慣的に身につけることで、無駄な感情やバイアスによる失敗を防いでくれます。

まずはトレードを始めてみたいという方には、このような手順でスタートさせることをおすすめします。

第2章

僕が1ヶ月で700万円の損失を出した本当の理由

負け続けた僕が勝てるようになった「1つの転機」

僕の収支が劇的に変わったきっかけを結論から言うと、手法を「逆張り」から「順張り」に変えたことです。

過去負け続けていた時は、ずっと逆張り中心でトレードをしていました。逆張りの手法とは、サポートラインやレジスタンスラインなどの抵抗線を利用したトレード手法のことをいいます。

投資初心者の頃に初めて読んだブログが、逆張りを使った短期トレードで利益を上げていたために、「短期トレード＝逆張り」のイメージが染みついていたのです。

もちろん、「逆張りと順張り、どちらが良いか？」についての正解はありませんが、収支の結果から見ても、逆張りでのトレードは自分には合いませんでした。

相場には**「ディスポジション効果」**という、価格が上昇した時にはすぐに売り、下落した時には保有し続けるという投資家心理があります。

しかし、実証分析では、価格が上昇した時に売ったものが、その後に上昇し続け、反対に下落したものをそのまま保有すると、さらに下がることが証明されていて、合理的な投資行動ではないとされています。

初心者のときほど、そういった相場の転換期を狙いたくなりますが、基本的に相場の流れや潮目には逆らわないほうが良いです。

これはコイン投げでも陥りやすい罠で、1回目に「表」が出て、2回目も「表」、そして3回、4回、5回と続けて「表」が出たとします。

そしていよいよ6回目です。

そんなとき、次こそは「裏」が出るだろうと思ってしまいませんか？

「表」の出る確率も「裏」の出る確率も本来は、2分の1（50％）のはずなのに、これまでの結果は「表」に偏りすぎています。

5回連続で「表」が出る確率は2分の1の5乗なので32分の1（約3％）、さらに続けて「表」が出る確率は64分の1（約1・5％）となります。

確かに「連続して表が出る確率」の場合は、この計算が成り立つのですが、すでに5回連続で「表」が出ている状態だったとしても、6回目、言い換えれば「次の新たな1回目」に「表」が出る確率というのは、また「2分の1（50％）」なのです。

これは、**「ギャンブラーの誤謬《ごびゅう》」**といって、これだけ「表」が出ているのだから、**「もう次は、いい加減『裏』が出るだろう」**と思ってしまう誤った思い込みのことです。仮にどんなに「表」が連続して出続けたとしても、次に「表」でも「裏」でも出る確率は2分の1の「50％」で変わりません。

ですが人間は、このような連続した偏りが起こってしまうと「次こそは裏が出るだろう」と思ってしまいます。

確率は等しいにもかかわらず、この「ギャンブラーの誤謬」のせいで、その後の確率と判断にバイアス、つまりは思考の偏りが生じてしまうのです。

相場でも「これだけ下がったのだから、そろそろ底をつくだろう」「これだけ上がったのだから、もう上がらないだろう」と、なんとなく反転するだろうという誤謬を犯してしまいます。

図2：ギャンブラーの誤謬

本来の確率は何度やっても、

アタリが出る確率はその都度2分の1で変わらない

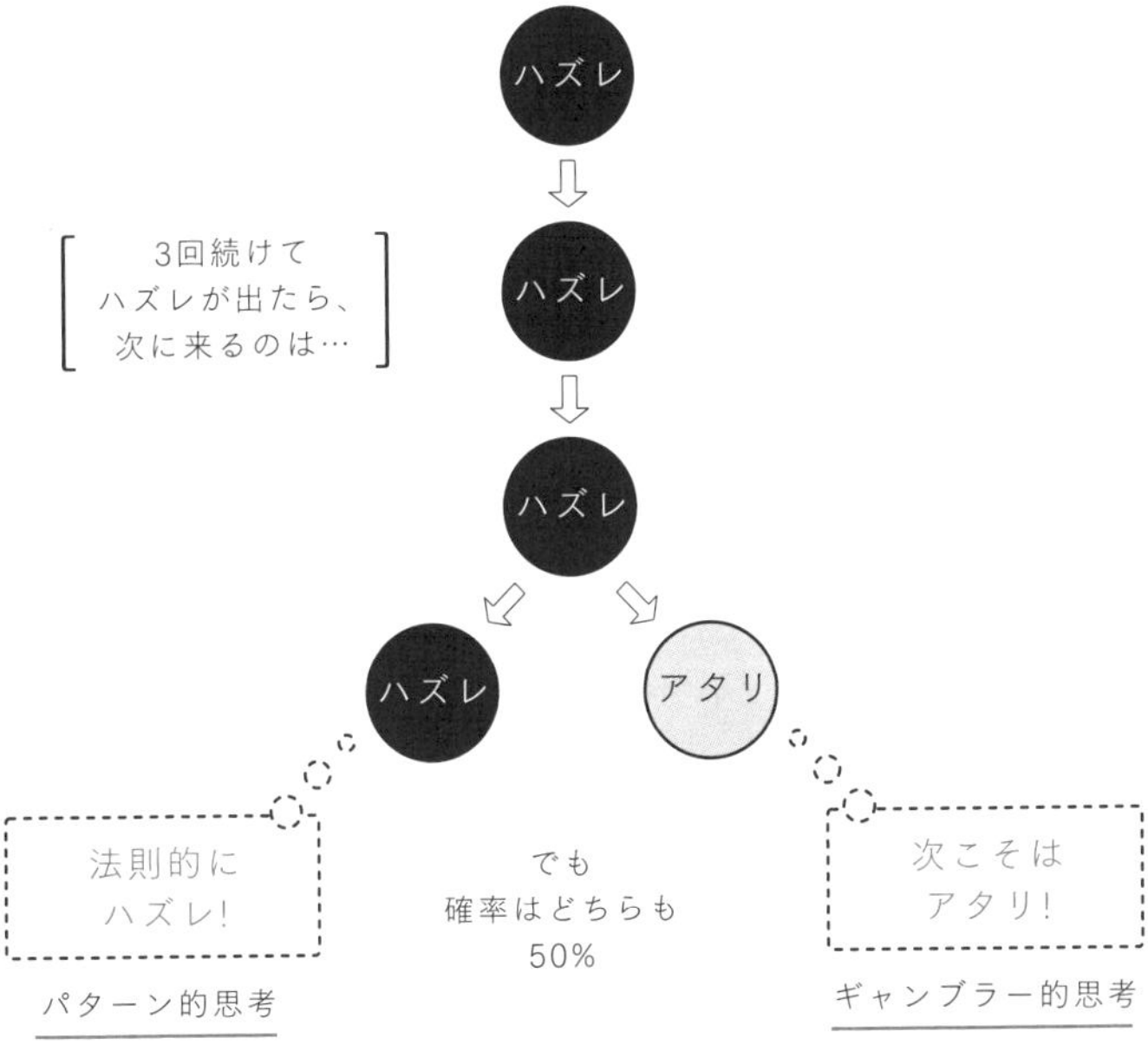
ハズレ
ハズレ
3回続けて
ハズレが出たら、
次に来るのは…
ハズレ
ハズレ
アタリ
法則的に
ハズレ!
パターン的思考
でも
確率はどちらも
50%
次こそは
アタリ!
ギャンブラー的思考

ギャンブラーの誤謬

ハズレが続くと、次こそアタリが出るはずと

思い込んでしまう

また、ウィリアム・ギャン（1878～1955）も「**トレンドが下向きなときは売るに安すぎることは決してなく、トレンドが上向きなときは買うに高すぎるということは決してない**」という言葉を残しています。

たとえ、チャートが高値圏にあったとしても、トレンドが上向きのときは、そこからさらに順張りで買い進んでいくのが合理的だということです。

ただ、**人は頭ではわかっていても、なかなかその通りできないものです**。

僕自身も、最初に癖づいてしまった「利益を上げる方法＝逆張り」といった固定観念をなかなか変えることができませんでした。

人には、変化そのものを嫌う**「現状維持バイアス」**というものがあります。これは、言葉の通り、変化を避け、現状を維持したくなる心理です。

その背景には**「損失回避性」**というものがあり、**人は利益から得られる満足より、同じ損失から得られる苦痛のほうを大きく評価します**。

そのせいで、僕は長年使っていた逆張りの手法を捨てることができませんでした。トータルの収支は明らかにマイナスだったのに、僕は結果に向き合うことができず、手法を変えることができなかったのです。

ただ、そんなとき、会社員として稼いでいた年収以上の金額を、この逆張りのトレードで無くしてしまったのです。

そのときになって、ようやく自分の過ちに気づいたのです。

下手なプライドを捨て、結果にしっかりと向き合い、思い切って今までのものを捨て、抜本的な手法の見直しをしたのです。

そして、手法を逆張りから順張り中心に転化させたことで、収益が劇的に改善されたのです。

ちなみに資産230億円の投資家cis《シス》さんもこれから投資を始める人に「何かアドバイスをください」と言われたときには、**「上がり続けるものは上がり、下がり続けるものは下がる」**とだけ答えるそうです。

僕もcisさんの仰《おっしゃ》ることに賛成です。

基本的に相場では、上がったモノは上がり、下がったモノはさらに下がる、というイメージを持っておくと良いと思います。

コイン投げの例で相場をイメージしますと、相場が上昇した後にさらに上昇し、少しの押し目をつけるも、またすぐに上昇する。

そして、下がると思いきや再び上昇し続け、売りポジションを巻き込んでその後もどんどん上昇していく感じです。

もういい加減上がらないだろうと思ったところでも、相場はまだまだ上がっていくイメージです。

「もうはまだなり、まだはもうなり」といった相場格言がありますが、まさにその通りといった感じです。

誤解を招かないように言っておくと、順張りがすべての投資家に対して有効というわけではありません。

人によって合う合わないというのは、少なからずあります。

ただし、これは実証分析によって裏付けがあるということと、僕の実体験として、収支が劇的に変わったターニングポイントであるということ、さらに大衆心理を逆手に取った優位性のある手法だということを覚えておいていただけたらと思います。

もし今、逆張りの手法でうまくいっていない方や、自分の手法が確立していない方などは、順張り中心に考えてみても良いと思います。

1ヶ月で700万円も負けてしまう科学的根拠

投資をする上で一番危険な心理が「損を取り戻そうとすること」です。

直前のトレードで出した損失を受け入れられず、その後に無謀なトレードを繰り返してしまった、という方は少なくないでしょう。

トレードというのは得てして、バイアスがかかってしまうもので、本来行うべき「正しいトレード」ができないことが多くあります。

ノーベル経済学賞を受賞した心理学者のダニエル・カーネマンが提唱した「人間がどのように意思決定を行うのか」をモデル化した**「プロスペクト理論」**というものがあります。

これは、人間は得をすることよりも、損をすることのほうに敏感に反応するというもので、**「得をしたときの喜びより、損をしたがっかり感を強く感じる」**という心理傾向です。

例えば、みなさんは10万円を貰うより、10万円をなくしたときのほうが、感情の振り幅が大きくなり、辛い感覚に陥らないでしょうか？

研究によると、損失がもたらす心理的なダメージというのは、利益の2倍以上にも及ぶそうです（次ページの図3を参照）。

そのため、トレードにおいても、辛さや痛みを補おうと、大きなリスクを取り、損失を取り戻そうとしてしまいます。

その結果、自身で確立したルールにないトレードをしたり、大したチャンスでないところで、トレードを繰り返してしまうのです。

また、トレーダーの多くは、それぞれが「〇〇になったら△△する」といったルールを事前に決めておくということをしていると思います。

いわゆる「マイルール」の設定です。

もちろん、私もマイルールは設定していましたが、それにもかかわらず、大きな損失を出した時にはマイルールを守ることができませんでした。

それはなぜでしょうか？

図３：プロスペクト理論

人は手に入れること（利得）より、
失う（損失）ことを過大に評価する

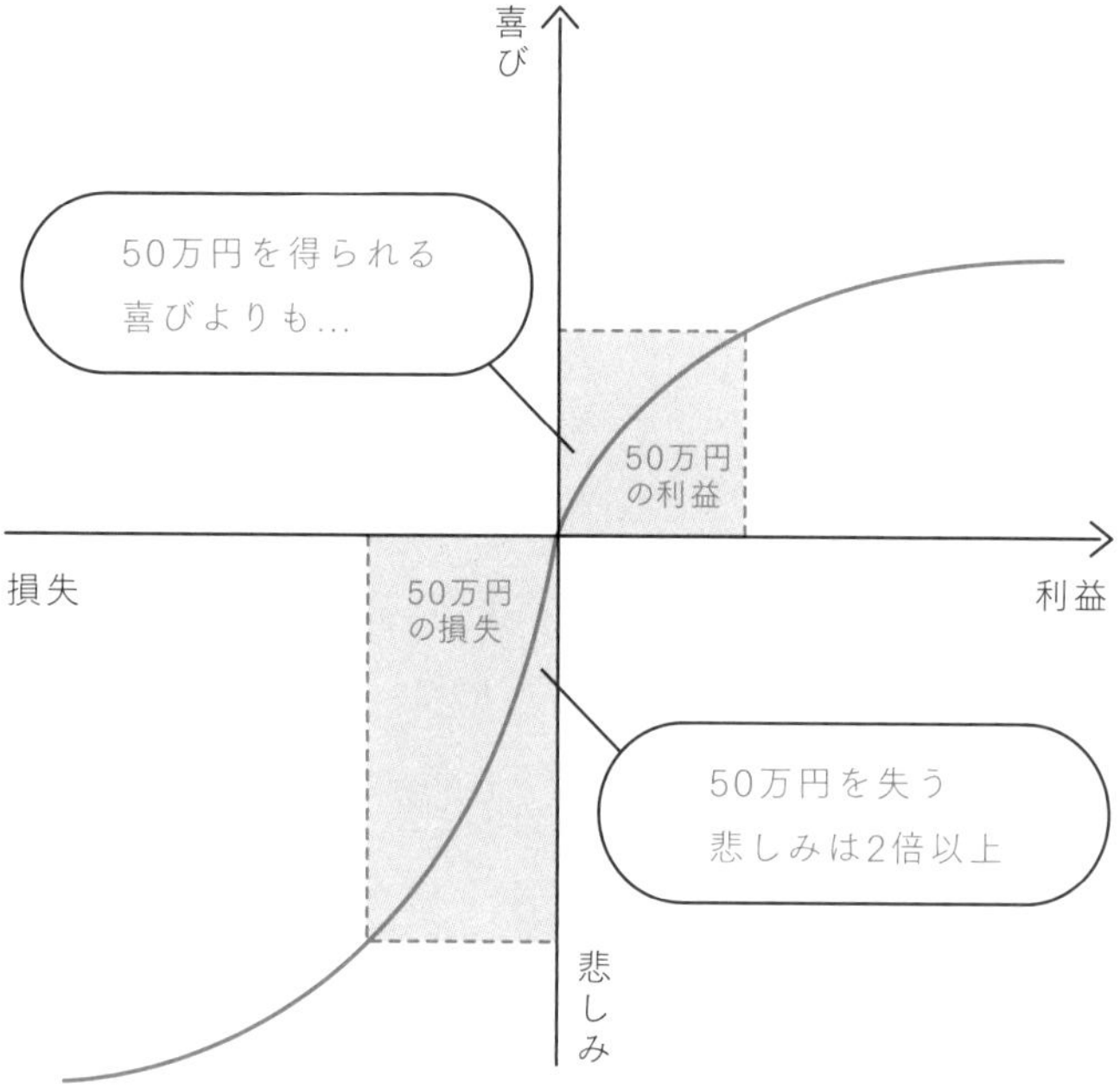

プロスペクト理論

損失がもたらす心理的なダメージは
利益の２倍以上

僕が1ヶ月で700万円を失ったのは、**「損失を一刻も早く取り戻したい」**という心理が原因だったのです。

ひとつひとつの損失は大した金額ではなかったものの、不運にも連敗が続き、その損を一気に取り戻そうとした結果、大損を出してしまったのです。

トロント大学の2人の心理学者ジャネット・ポリヴィとピーター・ハーマンによって生み出された**「どうにでもなれ効果」**というものがあります。

これは、簡単にいってしまえば**「小さな失敗をしてしまったときにヤケになり、さらに失敗を重ねてしまうこと」**です。

例えば、ダイエット中にクッキーを一欠片食べてしまったとします。

その小さな悪い行動によって、罪悪感が生まれてしまいます。そこでやめればダイエットには大きな影響はないのですが、その気持ちを慰めようとして、さらに、クッキーを食べてしまうという現象のことを指します。

トレードの最中、自らが設定した「マイルール」を破って連敗したときには、「ルールを破ってしまった」という罪悪感と損失の痛みを埋めようとして「どうにでもなれ効果」

が発動してしまうのです。

また、ニューヨーク市立大学とピッツバーグ大学の飲酒依存者の方に飲酒記録をつけてもらった実験でも、前日に飲みすぎてしまって、落ち込んでいる人ほど、次の日の夜もお酒を飲む確率が高かったそうです。

一度ルールを破ったりミスをしたりすると、その罪悪感によって自制心崩壊が起こり、「どうにでもなれ効果」が発動してしまいます。

実際に、僕が大金を失ったときの例を挙げます。

そのときは、ユーロ／米ドルを取引していました。そのトレードはロジックも何もなく、完全にルール外の取引でした。

そのとき、ユーロ／米ドルは大幅に下落していたので、**「もういい加減これ以上は下がらないだろう」**と思い、値頃感によるトレードをしました。

しかし、そこからさらなる下落が起こります。

そのため、マイルールでは禁止としていたナンピン（手持ちのポジションのレートがマイナスになった際でも、損切りをせずに買い増しをしていくこと）を繰り返してしまい、強制ロスカット（一定の損失が発生した際に、これ以上損失が拡大してしまわないよう強制的に取引を終了させるルールで、予期せぬ相場急変による損失リスクを軽減する目的で設けられている）を余儀なくされました。

その後も、損失をすぐに取り戻そうと、稚拙なトレードを繰り返し、連続して数百万の損切りをしてしまったのです。

みなさんもすでにおわかりだと思いますが、もっと前の段階で損切りをしていれば、大怪我をするハメにはなりませんでした。

大損をするときは、この「どうにでもなれ効果」によってさらなる損失を被ってしまうことが非常に多いのです。

たとえ、小さなルールでもそれを破ってしまうと、それがきっかけとなって自己嫌悪に陥り、「どうにでもなれ効果」が発動してしまいます。

この時の心理は、失敗による自制心崩壊がさらなる失敗を呼び、負のスパイラルを起こすのです。

そのため、小さなルールだから破ってもいいということは全然なく、むしろ小さなルールほど守らなければいけないということなのです。

大事は、ほんのささいなことから起こるという意味で、**「蟻の一穴《いっけつ》天下の破れ」**という言葉がありますが、まさにその通りだと思います。

損を取り戻したいという感情でトレードをしていると、すべてのポイントがチャンスに見えてしまいます。

そのせいで、トレード過多になったり、ロット（FXの1回の取引における通貨量）を大きく張ってしまったり、さらには損切りができなくなったりします。

投資をしているのに、お金に執着してはいけないというのは、矛盾していると思いますが、損失を過度に意識しすぎると、ルールに沿った正しいトレードをすることができなくなります。

そうならないために「一度失ってしまったモノは良い意味で忘れてしまう」ということが大事なのです。

僕がこの大損失を経験したときは、すでに投資本を何百冊も読んでいて、それなりに相場経験もありました。それゆえに、驕りや油断もあり、ルール破りなども軽《かろ》んじていた部分があったのです。

会社員でありながら、年収以上の損失を出したときは、しばらく食事も喉を通りませんでした。

返済の目処《めど》も立たず、本気で債務整理を考えたこともあります。

FX、つまりは投資の怖さを嫌というほど実感した体験であり、この経験があったからこそ、僕は人間の心理に興味を持つようになり、勉強をはじめることになりました。そして、今の僕があるのです。

「お金を儲けてやろう」とか「損失を取り返してやろう」というトレードからは、何も生まれません。

投資の最終目的は資産を築くことかもしれませんが、利益を上げていく過程では、あまり金銭のことは考えないほうがいいのです。

これまで見てきたように、お金のことを考えると、さまざまなバイアスに引っかかりやすくなります。

みなさんには、決して僕と同じような失敗をしてほしくはないので、是非、僕を反面教師にしていただければと思います。

こんな経験はしなくて済むなら、それに越したことはありませんので……。

「投資本」に載っている手法は全部忘れるべし

すでに述べましたが、僕が大損を出してしまったとき、投資本を数百冊読み、相場経験もそれなりにありました。

しかし、もっと言うと、実は大損を出す前の段階から、そもそも利益を出すことはできていませんでした。

それもそのはずです。僕は書籍に書いてある手法を、そっくりそのまま生真面目に実行し続けていたのですから。

実際のところ、書籍やネットに書いてあるすべての情報を脳内にインプットしたとしても、相場で勝てるとは限りません。

逆に、それらを読んで、教科書的なトレード法を習得すると、より負けやすくなってしまいます。

投資本を読んで、ひたすら知識だけをつけると**「チャートがこう動いたから、次はこうなる」**といった正解を求めようとする「大衆脳」になってしまいます。

そして、取引のやり方がまわりのトレーダーと同じようになってしまい、気づけば、自分が９割の負け組トレーダーに入っているという流れです。

書籍をたくさん読むというのは素晴らしいことです。

ただ、書籍に載っていることは、すでに大衆が知っていることです。

大衆が知っていることをいくら愚直に学んでいったとしても、大衆から抜きんでることはできません。

重要なのは、書籍を読んで、大衆のコンセンサスが集中する場所を探して、自分のトレードに活用することです。

「この本を読んだトレーダーはどういった取引をするだろうか」というように、大衆の行動を掴む「裏読み指標」にするのが正しい投資本の使い方なのです。

たとえば、あなたが女性にモテるための心理テクニックの本を読んだとします。しかし、そのノウハウは、すでに大半の女性に知られています。

するとどうなるでしょうか？

そのままノウハウを使っても女性からモテるどころか、「あーこの人はあの心理テクニックを使っているな」とばれて、裏目に出てしまうことでしょう。

書籍に載っていることは、大勢のトレーダーに周知されている既知の情報なので、そこに優位性はありません。

僕はそんなこともわからず、書籍を大量に読み漁り、どこかにトレードの聖杯がないかと躍起になって探していたのです。

重要なのは、書籍を通して大衆の投資心理を把握した上で、自分がどう行動するのか、どういったアプローチをかけていくべきか、ということです。

実際僕は、いくつか書籍に書かれている手法を、数年にわたって検証したことがあります。しかし、どれも利益を上げることはできませんでした。

そもそも、寸分の狂いもなく書籍で紹介しているのと同じトレードをすること自体が難しいです。

簡単に真似できるものだとしたら、逆にそこには優位性はありません。仮にそのような手法があったとしても、近いうちに使いものにならなくなるでしょう。

誰もが真似できるモノというのは、すぐに機能しなくなります。

書籍で学んだものをそのまま使うのではなく、「あのポイントではああいった手法を使っているトレーダーがいるから、逆に自分はこういったトレードをしよう」という考えを持つ必要があります。

その大本となる手法をヒントにして、「少し、エントリーポイントをずらしてみたり」「リスクリワード比率を変えてみたり」と、自分の手法や今の相場環境に合ったアレンジをしていく必要があります。

もちろん、土台となる絶対的な知識は必要です。

けれども、生真面目すぎるのはよくありません。書籍やインターネットに書いてある知識にプラスアルファとして自分の経験を合わせて、「知識」を「知恵」に昇華させる必要があります。

あの万物の天才レオナルド・ダ・ヴィンチも、どんなことに対しても経験を重視した人物でした。

知恵は経験から生まれるという意味で、**「知恵は経験の娘である」**という言葉も残しています。

確かに投資本に載っている手法は覚えておく必要はあるのですが、そのまま相場で使うのではなく、自分というフィルターを通し、自分や相場環境に合うように工夫して使う必要があります。

昔の僕のように、愚直に書籍を読んで、盲目的に従ったトレードをしてはいけません。

書籍などでインプットした知識を、それまで得た投資経験と組み合わせて知恵に昇華させることで、初めて実際の相場で使える正しい知識となります。

そして、本書でご紹介している心理学やメンタリズムを組み合わせることで、他とは違い優位性を持つトレードができるようになります。

会社員時代に実践していたトレードの勉強法

本書をお読みになっていただいている方は、専業、兼業どちらもいるかと思いますが、割合的には本業を持ちながら、兼業でトレードをやっている方が多いかと思います。
僕自身も18年投資をやってきて、今でこそ専業としてトレードをやっていますが、兼業時代のほうが長いです。

「専業と兼業、どちらが有利か?」については、どちらも一長一短です。

専業で時間があって、相場を見る時間がいくらでも取れるから、必ず勝てるか? といったらそういうわけでもありません。
逆に、兼業の方は会社員としての安定した給料があるので、メンタルがブレずに安定的なトレードができるということもあります。

兼業は、専業に比べると投資に費やせる時間は少ないですが、金銭的なプレッシャーが軽減できるため、心の平穏は保たれます。

僕の会社員時代は、所定労働が月〜金曜日の10時から19時までで、残業もちょくちょくあり、祝日出勤もたまにあったため、時間を抽出するのに苦労しました。

まず朝は、早朝4時に起きていました。毎朝、家の近くの24時間営業のマクドナルドに通い、トレードの検証作業をしていました。

検証というのは、トレードの手法を数ヶ月〜数年、あるいは数十年間に遡《さかのぼ》ってその手法が機能するかどうかを調べていく作業のことです。

この作業はものすごく苦手で、正直「やりたくない作業」でしたので、脳が最も働く朝に終わらせてしまうという算段でした。

ある研究によると、**「脳は朝起きてから2時間の間に、もっともクリエイティブな力を発揮する」**といいます。

朝は、集中して物事に取り組みやすく、なおかつ自分をコントロールする力も高まっている時間帯なのです。

ブライアン・トレーシーの著書『カエルを食べてしまえ！』（ダイヤモンド社）という変わったタイトルの書籍があります。カエルは難しく重要な作業の比喩となっていて、**「朝一番に生きたカエルを食べれば、その日の最悪な時はもう終わったと安心して過ごすことができる」**ということが書かれています。

つまり、自分が嫌だと思うけど、やらなくてはいけない重要な作業を先に行い、それを完全に成し遂げるまでは、他のことには目もくれずに集中して終わらせてしまおう、という意味です。

ゆえに僕は、苦手で億劫《おっくう》だった検証作業を朝に予定として組み込みました。自分の中で、この時間からこの時間までは検証しかやらないという縛りを作って確実に作業をするようにしました。

この検証作業を数年間続けたことで、手法ごとの収支がデータとして可視化されただけでなく、どの手法がどんな相場で通用するかもわかるようになりました。

また、新たな手法を作ったときは、検証作業をする前に、体感で手法の良し悪しもわかりました。

会社に出社したあとは、本業としている仕事も残業をしないようにして、時間内での生産性を上げました。

1日で投資の勉強をできる時間は限られていたので、いかに集中力を発揮してタスクを終わらせ、可処分時間を作るかが勝負でした。

「今日は何時までに仕事を終わらせ、何時から何時までは投資の勉強をする」ということを先に決めておき、仕事をする時間の生産性を上げるということをしたのです。

時間が有り余っていたり、期日に余裕があったりすると、ついダラダラしてしまうことはありませんか？

心理学における**「パーキンソンの法則」**では、**「仕事の量は、完成のために与えられた時間を全て満たすまで膨張する」**といわれています。

先に仕事を終わらす時間を決めることで集中力が上がり、早めに帰宅することができるようになったのです。

図4：パーキンソンの法則

期限が先だと緊張感が希薄で集中できず、
期限いっぱいまで時間がかかる

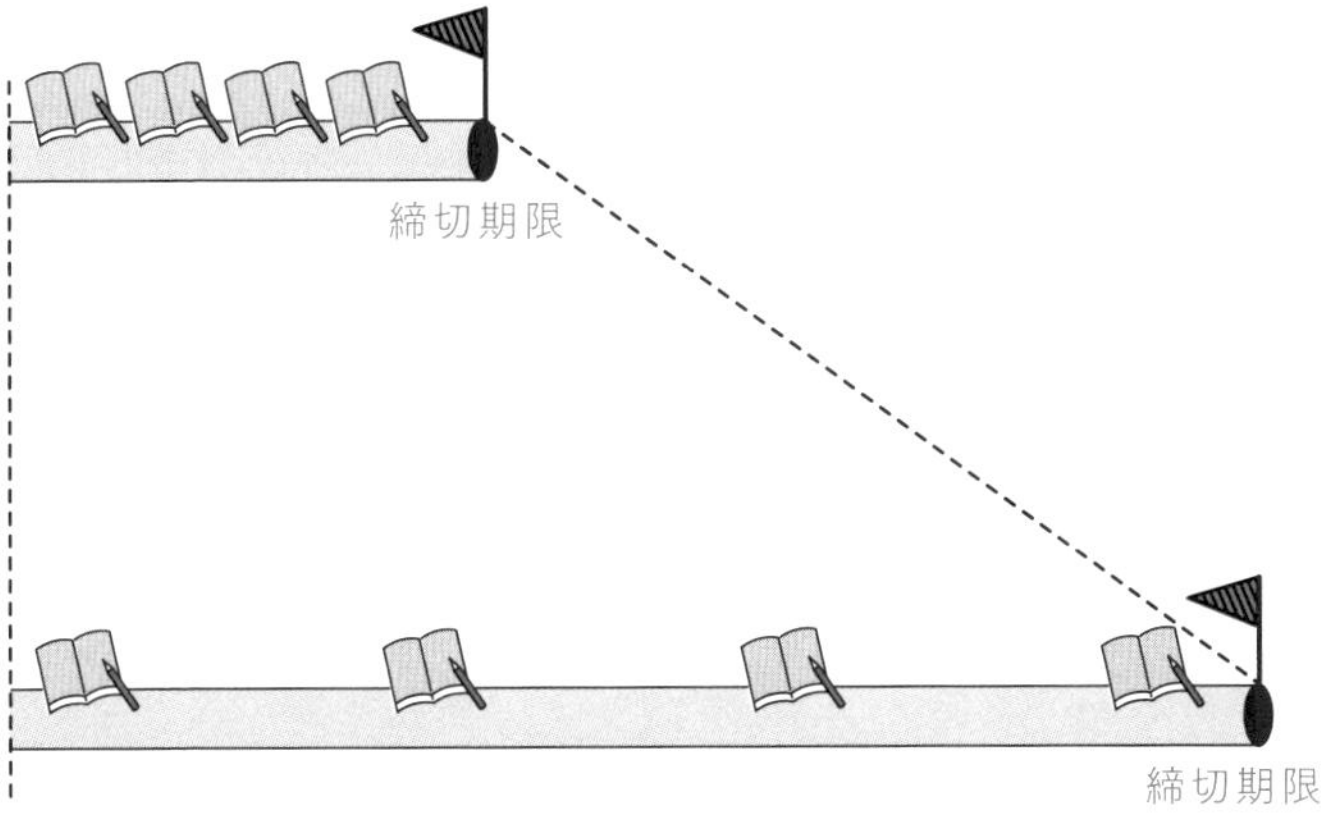

パーキンソンの法則

仕事の量は、完成のために与えられた時間を
全て満たすまで膨張する

大学受験で浪人生の合格率は極端に低いといわれています。

全国の大学の入学志願者数とそのうちの浪人生の入学志願者数から計算したところ、結論として、約65・7％の浪人生が大学に合格しています。

別の視点から見れば、浪人生の約3～4割が浪人しても大学に合格していないという計算になります。現役合格率は2019年で77・6％となっていますので、それに比べても低い数値です。

今度は、浪人生が第一志望に合格できる確率を調べました。

結果は、約1～2割ということがわかりました。どの時点の志望校かにもよりますが、本当に行きたい大学に行ける浪人生は非常に少ないことがわかります。

浪人生は現役の生徒よりもはるかに時間というアドバンテージがあるはずなのに、結果に結びついていません。

これは、時間がありすぎることで、かえって集中力が落ちてしまい、生産性が下がってしまっているからなのです。

僕の話に戻すと、さらに、スマホの電話帳もすべて消しました。

ミシガン州立大学の研究によると、人間の集中力というのはたった数秒邪魔が入っただけで、途切れてしまうことがわかっています。

実際の実験では、被験者に集中力を要するパソコン作業を行ってもらい、途中でポップアップ画面を開いてその表示時間を変えていきました。すると、2・8秒のポップアップ画面が開くだけで、作業スピードが半分以下にまでなってしまいました。

さらに、このポップアップ画面を4・4秒に延長したところ、なんと作業効率は3分の1にまで下がってしまったのです。

つまり、勉強に集中しているときに、メールやLINEの通知がきてしまい、一瞬でもそれに意識を持っていかれただけでも、集中力が落ち、作業効率が著しく低下してしまうのは事実なのです。

ただ、集中力が減ってしまう原因が通知なら「電話帳を消すのではなく、通知を消すだけでもいいじゃないか？」と思われるかもしれません。

でも、僕は意志力もそれほど強いほうではなかったので、そもそもの環境を変えようと思いました。読書中のときにも、「誰かからメール来ているかな？」「そろそろ前に送った内容について返信はきているかな？」などに気を取られたくなかったので、集中力低下の根幹である連絡先ごと消去したのです。

また、仲の良い友人には、「数年間は遊びにもいけないし、飲みにもいけない。もし投資でうまくいくようになったら、こっちから連絡する」と伝えて、投資で大成するまでは、外部との関わりを一切無くしました。

さらに言うと、自宅ではゲーム、漫画、テレビなど全てを捨てて、スマホ内の余計なアプリも消しました。

アプリゲームは特にやっかいで、定期的なイベントなど、あらゆる手練手管を使って、僕たちの集中力を妨げようとしてきます。

何らかの外部からの触発を受けて「これから頑張ろう、やってやる」と気持ちを新たに決意しても、三日坊主で終わってしまったことはないでしょうか？

そういうときは得てして、環境を変えずに、やる気だけが上がっていることが多いのです。

感情は飛んで去っていく鳥です。やる気というのは、時間とともに簡単に薄れていってしまいます。

逆に集中できる環境さえ作っておけば、モチベーションが薄れてしまったときでも、環境がやる気のある状態にまで後押ししてくれます。

意識の高い状態のときに、身の回りを整理して、タスクに必要なもの以外はすべて排除してしまうこと。自分の気を散らすものや誘惑になるようなものは捨ててしまうことが大事です。

よく財布にたくさんのお金を入れておくとすぐに使ってしまう人や、クレジットカードを作ると必要以上に使いすぎてしまうからあえて作らないという人がいますが、それも同じことです。

後々、とってしまうだろう行動を抑制するために、先に準備しておくことを**「プリコミットメント」**といいます。

部屋にあるゲームや漫画が捨てられないという人は、段ボールなどに詰めて、ガムテープでぐるぐる巻きにしてクローゼットの奥にしまうのもいいでしょう。アプリゲームも重課金していて、削除するのに抵抗がある方は、フォルダの奥底に入れるのも手です。

ちなみにハーバード大学のショーン・エイカーの著書『幸福優位7つの法則』（徳間書店）では、悪い習慣をやめたいのであれば、**「その習慣を始めるまでの時間を20秒増やす」**というテクニックが紹介されています。

自分がやめたいと思っている悪習慣は、なるべくその物事を始めるための手間がかかるようにしておくことで、悪習慣を断ち切ることができるということです。

そしてさらに、人は何もしない時間というものを嫌います。

たまに、「暇で死にそう」と言う人もいますが、その言葉に如実にあらわれていると思います。

ハーバード大学とバージニア大学のチームの被験者42名を対象とした研究で、自分自身に電気ショックを与えることのできる器具を持たせ、何もない部屋に15分間閉じ込めるという実験を行いました。

被験者には事前に軽い電気ショックを与え、「この電気ショックを避けるためならお金（5ドル）を払ってもいいと思うか」と質問したところ、ほとんどの被験者は「払ってもいい」と答えました。

しかし、実際に実験を開始したところ男性被験者の67％（18名中12名）が、ひとりで過ごす退屈さを避けるために、最低1回の電気ショックを自らに与えました。

また女性被験者も、25％（24名中6名）が自らに電気ショックを与えました。なかには15分間に190回もの電気ショックを与えた男性被験者もいました。

人は、何もない空間に何もしないでじっとしているくらいなら、お金を払ってでも避けたいと言っていた電気ショックを、その退屈を避けるために、自らに与えてしまうということです。

僕は、そういったことも踏まえて、部屋には投資に関係する書籍や必要なパソコン以外はすべて排除して、自分が成長することのみに時間を使いました。

投資とは関係ない無駄な思考、行動、付き合いなどのすべての退路を断って、大袈裟ではなく起床してから寝るまでの時間をすべて投資の勉強に注ぎました。

環境作りというのはそれくらい重要です。

もともと集中力に自信がない僕だからこそ、よりその効果は実感できたというのもあります。

兼業でなかなか時間が取れないという方は、是非参考にしていただければと思います。

今の僕が採用している「投資のマイルール」

トレードにはルールが大事だということは、これまで散々話してきました。けれども、現実には、ルールを守れずに損をしてしまう人が大勢います。

実際、僕自身も自分でルールを作っては破り、作っては破りということを繰り返していました。

しかし、ルールをないがしろにしている限り、相場で継続した利益を上げることはできません。

過去に相場師といわれた人たちも、ルールが守れず、最後には破産してしまったというケースは少なくないのです。

僕が採用しているルールは、ウィリアム・ギャンが考案した**「ギャン理論」**を参考にしています。ウィリアム・ギャンというのは1900年代前半に活躍したカリスマ投資家で、

1929年の世界恐慌を予測した人物としても知られています。

僕が採用しているルールは、細かいものも含めると数百あります。

「ギャン理論」の**「価値ある28のルール」**は、今でも有効性の高い内容だといわれていて、特に短期トレーダーの方は参考にすべきです。

ギャン自体が、短期のテクニカルトレーダーであったので、ルールがデイトレ（1日で売買を終わらせる投資）やスイング（2日以上で売買を終わらせる短期投資）に重きをおいた内容になっています。

そのため、テクニカル派かつ、同じ時間枠でトレードをしている僕からしても、参考になる部分が多いです。ルールも比較的わかりやすいものが多いので、初心者の方にもおすすめです。

ここではすべてをご紹介することはできませんが、特に参考になるものを3つ挙げておきます。


1つ目は、**「充分な理由がないのに手仕舞わない」**です。

こと利益確定においては、損切りとは違い、決済理由が明確に定まっていない場合が多いです。

人は、「損失回避の法則」によって、「得をすること」よりも「損をしないこと」を選びます。よって、含み益が削られる恐怖から、利益確定が早くなってしまうのです。損切りのルール設定はしているけれど、利益確定のルールが定まっていない人は多いです。

ですから、損切りだけでなく、利益確定に関しても、しっかりとルールを設ける必要があります。

2つ目は、**「値頃感で取引しない」**です。

ギャンは、典型的な順張りトレーダーでした。前述しましたが、ギャンは**「トレンドが下向きなときは売るに安すぎることは決してなく、トレンドが上向きなときは買うに高すぎるということは決してない」**という言葉を残しており、たとえ価格が高値圏（低値圏）にあったとしても、そこからさらに順張りで買い進んでいくのが合理的だ、ということを言っています。

初心者ほど、値頃感で取引をしてしまいがちです。

特に暴落時には**「これだけ下げたんだから、そろそろ底だろう」**と言って、安易に買いを入れ、そこからさらに下げて損失を出してしまうということが往々にしてあります。

相場では、大衆がもう上がらないだろうと思うような価格帯で買っていき、暴落時に大衆が総悲観になっているところで買っていくのが良いとされています。

僕自身も過去に、値頃感で買って大損を出した経験があります。

くれぐれも、安易な値頃感による買いや、感覚に頼ったトレードはしないように注意しましょう。


3つ目は、**「盲目的に人のアドバイスに従わない」**です。

投資商品などでも、基本的に他人や銀行がすすめてきたものは買わないほうがいいといったお話があります。

投資は基本的に自分自身で考え、自己責任でやっていかなければいけません。他人がそれをすすめる理由は、当人に何かしらのメリットがあるからかもしれません。

あるいは、誰かが言っていたことの受け売りをして、すすめているだけかもしれません。

何にせよ、責任の所在がわからない以上、安易にそれらを鵜呑みにはしないほうがいいのはたしかです。

また、人のアドバイスに頼ったり、誰かに教わるといったことに依存してしまうと、いざ壁にぶつかったときに行き詰まってしまいます。

『スノーボール　ウォーレン・バフェット伝』（日本経済新聞出版社）では、バフェットの父が**「100人が反対したとしても、自分の頭で考えて判断する」**ということを言っています。仮想通貨が流行《はや》っているからといって、むやみやたらに買わないほうがいいのです。

重要なのは、自分で調べ、自分の頭で考え、リスクをしっかりと考えた上で納得して行動を起こすことです。

手法作りに関しても、他人の手法を参考にしたりはできますが、完全に真似をすることはできません。

自分一人の時間をじっくり持ち、自分一人で考えることが大切です。そうすることで、自分だけの優位性を持ったオリジナルのトレード手法を生み出すことができます。

自分で考え、自分で決めたことならば、それが結果的に失敗したとしても悔いは残らないですしね。

心理学やメンタリズムがなぜ投資に必要なのか？

このように、僕はウィリアム・ギャンだけでなく、他にも著名な方のルールを参考にしたり、書籍や自身の経験を踏まえて、自分だけのトレードルールを確立しました。

しかし、700万円失ったとき僕はトレードルールを守ることができませんでした。

ルールを作ることはたやすいものの、「ルールを守ること」はその何倍も難しかったのです。

ルールを自分で守るためには、それ相応の心理学の知識やメンタリズムが必要不可欠だったのです。

これはトレード手法においても言えることです。

仮に検証をして、その手法が利益の出るものだということがわかっていたとしても、その通りできないことがあります。

人間は弱い生き物なので、トータルで利益が出ることがわかっていても、連敗が続いてしまったりすると、自分の考えたセオリーや手法通りにトレードができなくなるときがあります。

特に大きな金額を賭けているときは、人は合理的な判断ができなくなります。

「このままこうやれば利益が出る、こうやることが正しい」「もう少し待てばこうなるはずだ」と頭ではわかっていても、実際はその通りできないものです。

だから僕は、そのために投資の知識に追加して心理学やメンタリズムを学ぶことにしたのです。


いくら座学で投資に関する知識を学んだとしても、その通り行動できなければ意味がありません。

実際に、当時大敗を喫してしまったときは、すでにかなりの投資に関する知識はあったと自負しています。

でも、いざというときにはその知識をほとんど使いこなすことができず、すでに述べた通り、心理の罠にまんまと嵌り、半ば素人のような、通常ではありえないようなトレードをしてしまったのです。

もはや、投資の、トレードの知識だけでは勝てないと思いました。

それからは、行動経済学やトレードとは直接関係ない心理学系の本を読み漁り、客観性を養う方法や、人間の意思決定の方法なども勉強したのです。

自宅の本棚には、投資本以外の本もたくさんあるのはそのためです。

僕のように心理学やメンタリズムを学ぶためのおすすめは、洋書です。

ノーベル経済学賞受賞者ダニエル・カーネマンの著書『ファスト&スロー』(早川書房)や、ケリー・マクゴニガルの著書『スタンフォードの自分を変える教室』(大和書房)などがおすすめです。

しっかりとした科学的なエビデンスが書かれており、効果も立証されています。

こういった分野の本を読み、客観力や自己コントロール力などを高めていった結果、僕は100%ルールに従ったトレードができるようになりました。

頭で理解できていることをしっかりと相場で活かせるようになり、感情に左右されることなく、合理的なトレードができるようになったのです。

手法や小手先のテクニックも重要ではあるのですが、その土台となる心理学やメンタリズムの知識は不可欠なのです。

第3章

「負けない」投資家に必要な3つの要素

トレード力を飛躍的に向上させる「超客観力」

投資で勝つためには、知識と経験が必要です。

しかし、それ以上に大切なものは、物事を俯瞰《ふかん》して見ることのできる「客観力」です。

いくら知識や経験があってもそこに客観性がないと、その知識や経験をうまく活用することができません。

哲学者のショーペンハウアーはこのように言っています。

「天才とは客観性を備え、精神に客観的方法をとらせることのできる人物にほかならない。天才は主観的な自分自身に拘束されることがないので、意志のままに動かされる凡人とは全く逆の方向をたどる」

仕事やビジネスにおいて客観性が重要なのはさることながら、トレードにおいてもこの重要性は計り知れません。

トレードは、なるべく感情を排除することが大事ですが、そのためには客観性を持つということが不可欠です。

ただいきなり、投資には客観性が不可欠だから「客観性を持ちなさい」と言われても、「はい、わかりました」と急に客観力のあるトレードができるようにはなりません。

そのため、今回は僕が実際に試してみて有効だった、科学的にも正しい客観力を高める2つのコツを紹介します。

まず1つ目は、トレード中に**「常に誰かに見られていると想像すること」**です。

最新の研究によると、僕らの脳は「誰かに見られている」と想像するだけで判断能力や認知機能が向上することがわかっています。

何かを選択するときに、「この選択を誰かが評価するとしたら、どのような評価を下すだろう?」と想像するだけで、客観性を持った合理的な判断を下す確率が上がるということです。

例えば今トレードで、ある銘柄の売買を迷っていたときに**「友人や、あるいは他のプロ**

のトレーダーだったら、実際どうするだろうか？」と想像すると、衝動的なトレードを避けることができます。

トレードは基本的に自分一人で完結するものなので、相場が急変したときに、いわゆる飛びつき買いなどで「えいや！」とその場のノリでトレードをしてしまうことも多いと思います。

僕にもその経験があります。

けれども、この「誰かに見られている」という意識、そして「この選択は誰かが評価するとしたら、どうだろうか？」「恥ずかしくないトレードか？」と自問自答することで認知機能が高まり、合理的なトレードができるようになるのです。

そして2つ目が、**「第三者として自分にアドバイスをする」**です。

これは、決断をするときに「友人が同じようなことで悩んでいたら、自分はどうアドバイスするだろうか？」を考えてから、決断をするというテクニックです。

これはエルサレム大学の研究で効果が証明されていて、**「サードパーソンチョイス」**と呼ばれています。

この研究では被験者を「自分のこととして決断をする」グループと、「友達の決断にアドバイスをする」グループの2つに分けました。

それぞれのグループに「今、車を買うか?」「転職すべきかどうか?」「今付き合っている人と結婚すべきか?」など、さまざまな質問をしました。

結果、自分のこととして決断をしたグループは、独断的で非合理的な決断が多かったのに対して、友達の決断にアドバイスをするつもりで挑んだグループは、合理的な判断に基づいて後悔のない選択をすることができました。

ウォータールー大学のイゴール・グロスマンの実験でも、**「他人へのアドバイスは的確なのに、自分のことになると間違った判断をしてしまう」**ということが結果としてでています。

よくあるところでは、自分が未婚で悩んでいるのにもかかわらず、同僚や部下が恋人、夫や妻とのトラブルを抱えているときは的確なアドバイスを出せる、というお話がまさにそれです。

また、深い知恵を持ち、賢人と呼ばれていたイスラエルのソロモン王でさえも、自分のことについては失敗することが多かったようです。

このバイアスは、ソロモン王にちなんで**「ソロモンのパラドックス」**と心理学では呼ばれています。

ちなみにファンドなどの投資ディーラーには、実際に取引をしているときにも常に監視役がついています。

そこでルールにないトレードをしたり資金管理ができていなかったりすると、監視役から警告が発せられるのです。

だからこそ、ファンドは安定的な収益を上げられるというのもあります。

人間は自分の感情より他人の感情を読むことのほうが得意です。

トレードは基本的にたった一人で行っていく作業なので、どうしても第三者目線を持つということを忘れてしまいます。

常に、第三者の目を意識し、第三者の立場で考えること。

そうすることで、合理的かつ後悔のない選択を下すことができ、トレードの質をさらに高める助けになってくれるでしょう。

「負けない」投資家に必要な3つの要素の1つ目、それはこの「客観力」を身につけることです。

SNSなどで他人の取引を見ないほうがいい理由

Twitterなどのs N S上で、トレード収益を公開している人がいます。**率直に言うと、他人のトレードは見ないほうが良いです。**

特に見てはいけないモノとしては、**「他人がトレードで大損をしているモノ」**です。実は、**他人がトレードで大損をしているのを見ると、自身のメンタルに悪影響を及ぼしてしまうということがわかっています。**

人間には**「シャーデンフロイデ」**という感情があります。

シャーデンフロイデとは、ドイツ語でSchadenfreude（Schaden＝損害、不幸。Freude＝喜び）。つまり、**「他人の不幸を喜ぶ気持ち」**です。有り体に言えば「他人の不幸は蜜の味」です。ネットスラング的にいうと「メシウマ動画」ですね。

「投資で●●万円損をした」というタイトルの動画をついついクリックしてしまったことはないでしょうか？

そして、それを無意識的にやってしまっているのは、さらに問題です。

他人が大損している動画を見ると何が悪いのかと言いますと、他人が損をしている姿を見ることで、「自分の心やメンタルが回復する」ような気持ちになることがわかっているからです。

例えば、自分が直前に損失を出してしまったとします。

そして、その後にそういった動画を見たときに、「ああ、この人も自分と同じだな」と自分の心が癒やされ、損失が和らいだような感じになります。実際に自分の損失が回復したわけでもないのに、です。

この「シャーデンフロイデ」という感情で溜飲を下げても、自分の立ち位置は一切変わっていないことにお気づきですか？

大損した後に僕らがしなければいけないことは、反省をして次にまた同じ失敗をしないことです。

なぜ正しい行動ができなかったのか？　損を出してしまった原因は何か？　を分析し、内省していかなければいけないということです。

けれど、他人のメシウマ動画を見ることで、自身の失敗の対策や改善を打ち出すこともなく、本質的な問題も解決していないにもかかわらず、状況が良くなったと錯覚してしまうのです。

そして当然、再び同じことが起きたときに同じ失敗をしてしまうのです。

もちろん、予期せぬ損失によって心身ともに傷ついていて、もう私生活に支障の出る状態になっていたのなら仕方がないと思いますが、他人の損失を見て、一時的に自分の心を癒やすためにそういった動画を見るのは得策ではありません。

この「シャーデンフロイデ」の感情は、ほとんどすべての人の中にあり、完全に無くすことはできません。

この行動の根幹には脳内物質の**「オキシトシン」**が深く関わっていて、人と人との愛着を形成するためには欠かせないホルモンだからです。

しかし自分にとって一切の得がなく、むしろ損をしている状況なのにもかかわらず、他人の不幸を喜び、自分の傷を癒やしても何の解決にもなりません。

そうならないための対処法として、そういった動画は一切見ない。

Twitterなどで収益を公開している人の投稿も一切見ない、に限ります。

ただ、どうしても目に触れてしまい、とっさにシャーデンフロイデの感情が芽生えてしまうときもあるでしょう。

そういったときは仕方ありません。

人間にはそのような感情があるということをしっかりと認識し、その事象を俯瞰して見るようにすると、負の感情を抑えることができます。

「単純にこうなりたくないな〜」と思うだけでなく、同じように損をしないように、自分にできることは何か？ どういった感情でそのようなミスをしてしまうのか？ などと次に繋がる思考を展開し、反面教師にするのがいいと思います。

投資における失敗は、自分自身の力で解決していかなければいけません。

心理学の世界では、他人と比べると自己の満足度や幸福度が下がるということは有名な話です。

これは蛇足になりますが、最新の研究では、他の人の性生活の話を聞くと幸福度が下がるということがわかっています。

例えば、自分はパートナーと月に5回夜の営みがあるとします。

そして、仮にその関係に自分自身が大変満足していたとしても、他の人が10回夜の営みをしている、という話を聞いた途端に、**「自身の幸福度が14％も下がる」**ということがわかっています。

つまり、自分が仮に現状に満足をしていたとしても、他に自分よりも生活が充実しているという話を聞いた途端に幸福度が半減してしまうのです。

たとえ、自分が頑張って、投資で月50万円稼げるようになっても、他の人が月に100万円を稼いでいるのを聞いてしまうと、自身のメンタルに悪影響を与えてしまう可能性があります。

とどのつまり、他の人のトレードはあまり見ないほうがいいということです。完全に見るなというわけではありませんが、SNSなどでのそういった投稿には十分注意していただければと思います。

生き残るためには「常に少数派」であり続ける

よく投資の世界では、**「大衆の一員になっているうちは勝てない、他の人とは逆のポジションを張れ」**などと言いますが、投資を始めた初期の方には漠然としていて理解しづらいと思います。

ただ、それがわかっていたとしても、実際行動に移すのは難しいです。

他に投資では**「麦わら帽子は冬に買え」**という格言もあります。

これは冬場の需要のない安いときに買い、みんなが欲しいと思うときに高値で売れという意味です。

みんなが欲しいと思っているときに一緒になって買っていては、投資で利益を上げることができないということです。

大衆の一員になってしまう一番の原因は、ずばり、自分の「感情」に従ったトレードをしてしまうことにあります。

自分の感情に従ったトレードというのは、得てして大衆の一員に成り下がってしまうことが多いです。

行動心理学の1つに**「バンドワゴン効果」**というものがあります。

「バンドワゴン効果」とは世間の流行や周りの評判を判断材料にしてしまい、**「みんながやっているから安心、みんな持っているから自分も欲しい」**といった心理をもとに行動し、周りもつられてさらにその効果を増大させてしまうことです。

ちなみにバンドワゴン（bandwagon）とは、パレードの先頭で音楽隊を乗せて走る、飾りを付けたワゴン車のことで、日本語では「楽隊車」といったりします。

「バンドワゴン効果」をわかりやすく説明している、こんな逸話があります。

陽気な音楽を響かせながら、前に進んでいくバンドワゴン（楽隊車）がありました。

そこに乗っている人たちは少数です。

図5：バンドワゴン効果

まわりや世間の評判を判断材料にしてしまう心理現象

バンドワゴン効果

みんなやっているから安心、
みんな持っているから自分も欲しい

楽しそうな音楽は鮮明に鳴り響き、沿道の人々を引きつけ、次第にこのバンドワゴンに乗り移っていく人々が増えていきます。

次々と参加していく人が増えていき、その重量でバンドワゴンは同じスピードで進むことが困難になってきます。

一方で、最初に乗っていた人々はその場から離れていきました。

バンドワゴンが減速したことで、飛び乗ることも容易になり、さらに参加者は増えていきます。

やがて、バンドワゴンは完全に停止します。この状態では、何の苦労もせず、誰でも簡単に乗り移ることができます。

そして、ここからバンドワゴンは新たに前に進もうとしますが、もはや前に進むことができません。

バンドワゴンは重荷を振り払うためにバックし、乗っていた人々をバンドワゴンからふるい落とそうとします。

バンドワゴンから落ちないように必死にしがみついてはいるものの、次々と地面に放り出され、パニックを起こし、自ら飛び降りる人もいます。

最後の最後までしがみついていた人たちも、結局はふるい落とされ、最初に落ちた人よりもひどい重傷を負ってしまいます。

そして、誰もいなくなったバンドワゴンに、どこからともなく人々が現れます。

彼らは誰なのでしょうか？

なんと、バンドワゴンが減速し、ふるい落としが始まる前に、そっとその場から離れていった人たちなのです。

さらに彼らは、最初の頃にバンドワゴンに乗っていただけではなく、このバンドワゴンの演奏を始めた人たちだったのです。

そして彼らは再び、何事もなかったかのように演奏を始めるのです。

これは比喩表現ではあるのですが、バンドワゴンの理論をうまく表現している事例だと思います。

特に日本人はこの「バンドワゴン効果」の心理が日常的に強く働いているのではないでしょうか。

「みんながやっているから」「みんなが買っているから」という理由に基づく安心感、購買欲求などは「バンドワゴン効果」に当てはまりますから。

相場では大抵の場合、少数派が勝ち、その裏では多くの多数派が犠牲になっています。

相場格言でも**「友なき方へ行くべし」**や**「相場師は孤独を愛す」**などといったものもあります。

大衆と同じ行動を取ることで「安心感」を得ることはできますが、相場においては、その安心感が利益に繋がることはありません。

アメリカの証券会社や大手銀行などが集中しているウォール街にも、**「人が売るときに買い、人が買うときに売れ」**といった言葉があるそうです。

利益を得るためには、他の市場参加者と逆の行動をとったり、周りが注目をしていないことに注目しなければいけません。

「人の行く裏に道あり花の山」という格言の通り、多数派が行かないような裏の道にこそ優位性があります。

勝者になるためには、多数派に付和雷同せず、常に自分の頭で考え、少数派になることが大切です。

「負けない」投資家に必要な3つの要素の2つ目、それは今まで見てきた通り「少数派」であり続けることです。

「負ける」を回避するのに必要なたった1つの考え方

相場で勝つ方法というのは実はシンプルです。

上昇する銘柄を予想して買い、その通りに上がれば利益になります。逆もしかりです。株価や通貨が上下動する仕組みは、売りよりも買いが多ければ上昇し、買いよりも売りが多ければ下落します。これもとても単純な話です。

もちろん、テクニカルやファンダメンタル、経済指標発表などの突発的なニュースによって価格は動いていきます。

しかし、本質をたどれば、売りと買いのどちらが多いかで上昇するか下降するかが決まってきます。

相場を分析するときにチャートやテクニカル、ファンダメンタルなどさまざまな要素をもとに値動きの予測を立てます。

けれども、どんなに複雑な要素を組み合わせて分析したとしても、結局のところ価格の上下を当てられなければ意味がありません。

逆に言えば、少数のいくつかの道具を使って、上がるか下がるかを見極めることができれば、それはそれでいいのです。

多くの人は、チャート分析やテクニカルに「絶対」とか「確実」を求めてしまいますが、それらは聖杯などと同様に存在しないもので、あくまで確率ベースでしか勝つ確率を上げることはできません。

チャート分析もテクニカルも、その時々で機能する時期があり、ある時期にはものすごい利益を上げることができますが、ある時期には全く機能しないということもあります。

有り体に言えば、流行り廃《すた》りみたいなものです。

相場と同じく、チャート分析や機能するテクニカルにもトレンドがあるということです。

「どのテクニカルがおすすめですか？」とか「どのテクニカルが儲けられますか？」といったご質問をいただくことがありますが、単純にどのテクニカルが良いかというよりは、「今この相場とテクニカルがどのくらい合っているか？」ということのほうがよほど重要です。

どんな武器や道具も使い方によっては効果を発揮します。

逆に、どんな優れたモノを持っていても、使い方次第では金にも鉛にもなってしまうということです。

あなたが戦場で戦う兵士なら、接近戦では刀剣や槍を使い、遠隔戦では弓矢や銃を使うイメージです。その場その場の状況によって、逐一、武器や道具は使い分けなければいけません。

もちろん、ただ直感やその場の感情でトレードするだけでなく、何らかの手法を使うべきですが、結論として、手法はシンプルが良いのです。

レオナルド・ダ・ヴィンチも**「シンプルさは究極の洗練である」**といった言葉を残しています。

手法もたくさんのものから無駄なモノを可能な限り削ぎ落とし、洗練させていく必要があるのです。

かく言う僕も、過去には複雑なテクニカルをトレード指標として使っていた時期もありますが、それによって収益が良くなることはありませんでした。

それゆえ、今はシンプルにチャートに比重を置いており、サポートとして移動平均線やフィボナッチ比率を軽く見る程度です。

大事なのは、その洗練させてシンプルになったものを「いつ使うか？」ということです。

手法自体には、「正解」「不正解」はないので、自分の今使っている手法の中から、その時々の環境によってベストなものを取捨選択していくことが大事なのです。

トレードとは、どの手法が今の相場に当てはまるかを探しだす、ゲームみたいなものと言えるでしょう。

いつ、どんな相場にも当てはまる手法というのはありません。

「今はこの手法がハマるな～」とか「この手法は裏目指標だ」というように、同じ手法でも、時期によって相場との相性は全く異なってくるという認識でいてください。

僕は、いろいろな手法やテクニカルに手を出しては「あっちもダメだし、こっちもダメだ」という紆余曲折を経てきました。

けれど、最後にはシンプルないくつかの手法に落ち着きました。

そして、そのシンプルな手法を相場に合わせて、どのタイミングで使っていくか？ということに意識を置いています。

どんな相場にも対応できる最強の手法というのはないので、「今持っている手法を相場に合うタイミングでいつ使うか？」ということをリアルタイムで常に考え続けることが大事です。

バイアスを回避して「合理脳」を手に入れる方法

今までご説明してきたバイアスというのは、言ってしまえば**「人間の脳に備わった思い込みや先入観」**のことです。

誰もが持つ思考のクセのようなもので、気づかないうちにあなたの心を操作し、考えや行動を合理的ではない間違った方向に導いてしまいます。

しかし、ただ単純にバイアスを注意していれば回避できるというものでもありません。バイアスに引っかかっている間は、そもそもそれ自体がバイアスだと気づかないため、事前に対策を打っておく必要があるのです。

1つお手軽なものとして、「どんなバイアスがあるのか?」を予め知っておくという方法があります。

すでに本書でご紹介してきた、含み損を保有してしまう「サンクコストバイアス」や損をしたときに相場のせいにしてしまう「自己奉仕バイアス」などのような、トレードで陥りやすいものを知っておくだけでも、バイアスに引っかかりづらくなります。

そのために、それらのバイアスがどのようなもので、どういったときに起こりやすいかをしっかり学んでおきましょう。

たとえば、自分が時間をかけて企業の分析をして、その会社に投資をしたとします。でも、その期待とは裏腹に価格は下落し続けます。半年後、価格は当初の半分になってしまい、損切りをしようと決断します。

しかし、せっかく時間をかけて企業分析をし、時間的、労力的なコストを費やしたのだから、もうちょっと待ってみようか？　という考えに至ります。

でも、この「サンクコストバイアス」の心理を知っていたらどうでしょうか？

「これはきっとサンクコスト効果がもたらす、もったいない精神が働いているに違いない。本来損切りしなければいけないタイミングなのに、それを拒んでしまうバイアスの罠だ、抜け出さないと……」となり、冷静になれるのです。

また、アプリゲームなどのガチャもそうです。特定のキャラが欲しくて、課金を続けていますが、なかなかそのキャラが出ません。５０００円、１万円と課金していくうちに、途中でやめることはできなくなり、泥沼に嵌ってしまいます。

ですが、ここでも「サンクコストバイアス」の存在を知っておくだけで、課金のドツボに嵌らないようになります。

これは、複数の観察研究でも確認されていて、特定のバイアスについて学んだ人は、その直後からそのバイアスの罠にかかりづらくなり、正しい選択や判断ができる確率が高くなったそうです。

知っていれば回避できる可能性が上がる、というのは当たり前のことではありますが、逆に言えば、知っているだけで、その落とし穴を回避できるとすれば、学ばない手はないでしょう。

すでにご紹介した、自分のことを平均以上だと考えてしまう「レイク・ウォビゴン効果」や、デキない人ほど自分を高く評価してしまう「ダニング・クルーガー効果」などの心理からもわかるように、人は自分の能力を正しく評価できていません。

とある研究によると、95％の人は「自分は自分自身のことを理解している」と思っているが、実際は10％ほどしか理解していないというデータもあります。

「自分はバイアスなんかにはかからない。自分は大丈夫」と思っている人ほどバイアスに引っかかってしまうのです。

ギリシャの哲学者ソクラテスの**「無知の知」**という言葉があります。

これは、「知らないことを自覚する」という意味です。

自分はまだまだ知識に乏しく、自分の知識が完全ではないことに気づいている人は、それを知っている点において知識者と自任する人よりも優れているということです。

それを知ることで、常に自分の選択や行動に疑念を持つことができ、バイアスの罠を回避できる確率が上がるのです。

バイアスは、太古の昔から遺伝子レベルで人間に備わってしまっているものなので簡単には払拭できません。

しかし、ひとつひとつの知識をしっかり定着させていけば、冷静な判断ができるようになり、着実にトレード技術は向上していきます。

それを実践しているのが僕自身であり、このさまざまな人間の思考の癖、陥りやすい罠を「知っているだけ」で、より合理的な判断ができ、これまで多くの危機を乗り越えることができ、また、人より多くのチャンスを掴むことができたのです。

「負けない」投資家に必要な3つの要素、その最後の1つが、この「合理脳」のことであり、これこそメンタリズムと投資を融合させた僕の真骨頂なのです。

以上、本章までで、投資を始めた後に陥ってしまう「心の罠」とメンタリズムを応用した対処方法、そして、「負けない」を意識した投資家の心得を僕のトレードの失敗体験を踏まえつつ、お伝えしてきました。

それでは次章より、今の僕が実際に行っている「投資テクニック」をご覧いただきたいと思います。

第4章

投資家メンタリストの「失敗しない」投資テクニック

監視する銘柄や通貨は「2～3」に絞れ！

結論から先に言うと、監視銘柄を増やしたからといって、利益が増えるというわけではありません。

特に初心者ほど、複数の銘柄や通貨を監視して大風呂敷を広げすぎてしまう傾向があり、注意が必要です。

コロンビア大学のシーナ・アイエンガー教授はこんな実験をしました。

あるスーパーマーケットで、ジャムを24種類並べ、お客さんにすべてのジャムを試食できるようにしました。

そして翌日、24種類のジャムは置いたまま、**「試食のジャムだけを減らし、6種類に限定したところ、なんと売り上げが『前日の10倍』になった」**のです。

24種類のジャムが試食できたほうが、実際に試食する人の数は多かったものの、最終的な購買には繋がりませんでした。

人間は、品数が多くなると決断ができなくなり、思考停止になります。そして、何も買わないという選択をしてしまいます。これが**「ジャムの法則」**です。

ちなみにこれはジャム以外の商品でも実験が行われましたが、同じ結果になったそうです。

監視する銘柄でも「ジャムの法則」と同じことが言えます。多すぎる選択肢は人間から物事を判断する力を奪い、思考を停止させます。

僕らは1日のうちに約70回もの選択をするといわれています。

朝どの洋服を着るか、昼食は何を食べようか、そろそろ仕事をしようか、など簡単な選択から、そろそろ車を買い替えようか、転職してより稼げるようにしようか、といったすぐには決断できない選択もあります。

たとえそれが簡単な選択である場合でも、僕らは判断する回数が増えると、決断力は低下し、集中力や意思決定力が奪われてしまうのです。

図6：ジャムの法則

選択肢が多いときは、少ないときよりも判断を下しづらくなる

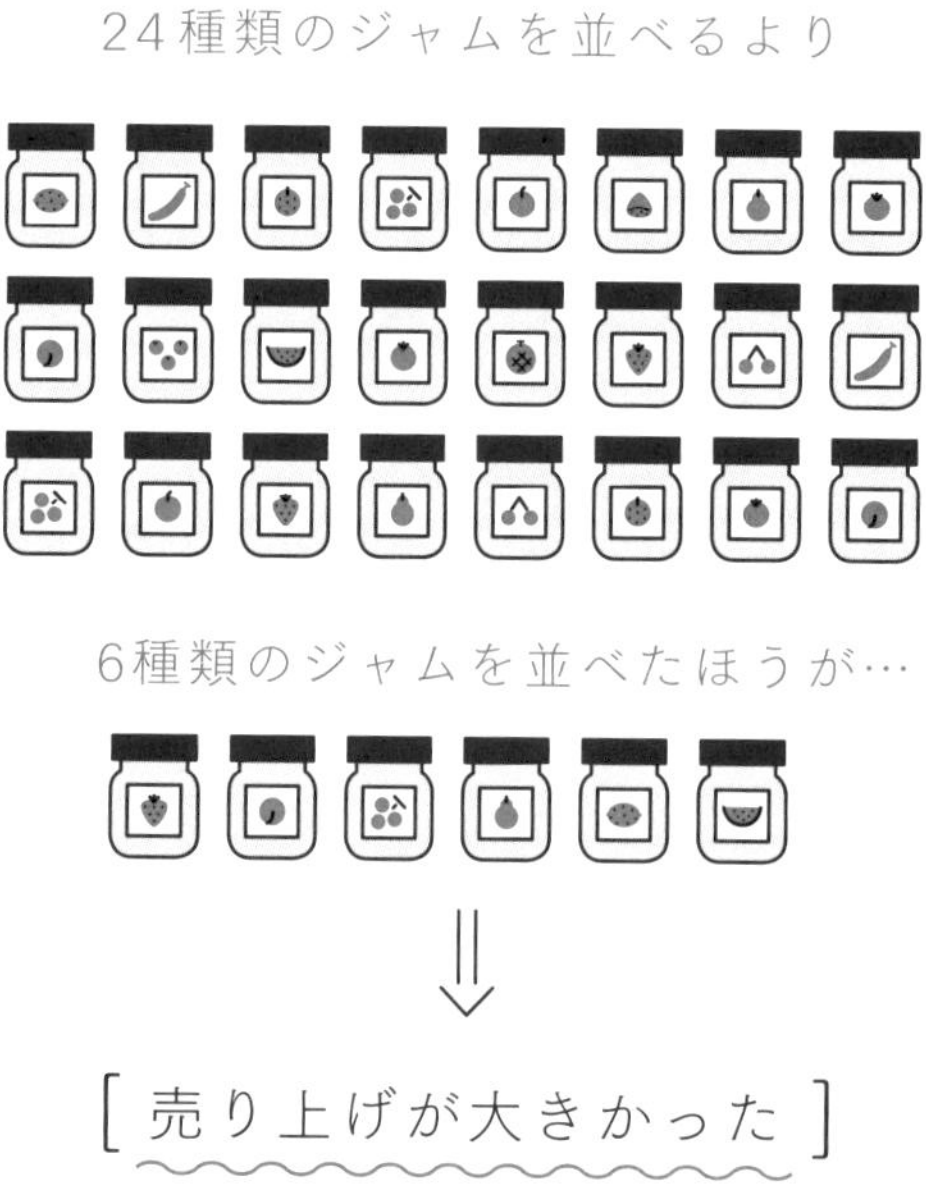
24種類のジャムを並べるより
6種類のジャムを並べたほうが…
売り上げが大きかった

ジャムの法則

人は品数が多くなると決断ができなくなり、
思考停止になる

たまに米ドル／円、ユーロ／円、英ポンド／円、豪ドル／円、ユーロ／米ドル、英ポンド／米ドル、豪ドル／米ドルなどのように、2桁以上の通貨や銘柄を監視し、忙しくトレードをしている方もいます。

ですが、正直おすすめはできません。

複数の通貨を長く監視していると、脳の「決定疲れ」というものが起きます。

そのせいで、いざトレードをするとなった時に判断力が鈍り、トレードの精度が落ちてしまいます。

たくさんの通貨や銘柄を監視し、エントリーチャンスを躍起になって探したとしても、トレードで良い成果を上げることはできません。

ここで重要なのは、通貨ごとにしっかりと定点観測し、値動きの特徴やクセを見つけることです。

不特定多数の通貨を見て大風呂敷を広げすぎても、本当に良いチャンスというのは見つけられません。

大事なのは、ひとつひとつの通貨としっかり向き合うことです。

そもそも人間の脳は、複数を同時進行するマルチタスクよりも、ひとつずつ集中して取り組むシングルタスク（モノタスク）のほうが得意とされています。**私たちの脳は、「複数の作業を同時に処理する」マルチタスクは苦手なのです。**

あれをやって、こっちもやって、次はそっちもやって、などのように作業の切り替え頻度が高くなればなるほど、脳への負担は増えていきます。

そして、疲弊した脳は判断力だけでなく、効率や生産性、集中力までも大きく下がってしまいます。

しかし、「あまり通貨や銘柄を限定しすぎると、トレードチャンスが少なくなってしまうのではないか？」といった不安もあると思います。

でも、トレードの回数というのは、少なくてもまったく問題ないのです。

むしろ、トレードタイミングがないならトレードはしないほうがいいのです。**トレードは量（回数）ではなく質（内容）です。**

いかに、しなくてもいいトレードを排除していき、優位性のあるポイントで厳選したトレードができるかが重要です。

トレードチャンスというものは、相場が与えてくれるものであって、無理に探して見つけるものではないということです。

チャートが自分の間合いに入ってくるまでは、むしろ何もしないほうが良くて、虎視眈々《たんたん》とトレードチャンスを待てるトレーダーが最終的に勝者になります。

たとえ1日1回しか取引チャンスがなくても、その1回で優位性のあるトレードができればそれでいいのです。

むしろ、そのほうが無駄なトレードが減って、よりお金の増えるスピードが上がることもあります。

ちなみに僕は、米ドル／円、英ポンド／円をメインで取引しています。ユーロ／円や豪ドル／円なんかも情報としては見たりしますが、実際にトレードすることはほとんどありません。

過去の検証によって、ユーロ／円や豪ドル／円も分析してはいるものの、あまり相性が良くなかったので、結果から見てトレードする通貨は、米ドル／円と英ポンド／円に絞っています。

もちろん最初は、いくつかの銘柄や通貨をトレードしてみて、どれが自分に合うか？などを試してみてもいいと思いますが、最終的には、結果から逆算して収益の良い銘柄や通貨を厳選していくと良いと思います。

特に投資を始めてすぐの頃は、さまざまな銘柄や通貨を監視したり、取引してしまいがちですが、逆にデメリットのほうが大きくなる、ということを覚えておいていただければと思います。

「チキン利食い」はしてもいい！

ついつい、「チキン利食い」をしてしまう方は多いでしょう。

初心者の方に向けて改めてご説明しますと、チキン利食いとは、含み益が発生した途端、その利益が減ってしまうのを恐れてすぐに決済してしまうことです。

また、僕のところにも、「すぐに利食いをしてしまい、利益がなかなか伸ばせません」といった悩み相談をよくいただきます。

しかし、こういったことはすべて悪いことと言えるのでしょうか？

確かに、相場格言にも**「損切りは早く、利益は伸ばせ」**というものがあり、大半の書籍にも、そういったことが書かれています。

前述した通り、投資家心理には、価格が上昇したときにはすぐに売り、下落したときには保有し続けてしまう「ディスポジション効果」というものもあります。

実証分析でも、価格が上昇したときに売ったものが、その後も上昇し続け、反対に下落したものをそのまま保有すると、さらに下がることが証明されています。

相場で勝つためには、「損切りは早く、利益は伸ばせ」を有言実行しなければいけないということです。

しかし、本当にそうでしょうか？

相場によって、チキン利食いをしたほうがいいときもあれば、損切りをせずナンピンをしたほうが良いときもあります。

そもそも、どの程度の値幅だとチキン利食いになるのでしょうか？

利益を伸ばせとは、どの程度伸ばせばいいのでしょうか？

そこをはっきりさせずに、盲目的にこの概念を信じてトレードをするのは非常に危険です。

実際のところ、僕は過去に「利益を伸ばしすぎて負けていた」という時期が確かにありました。

損失に対しての利益の理想は「1：3」といった黄金比率というものもあり、僕はとくにかく利益は伸ばさなければいけないと思い込んでいたのです。

そのせいか、当時は勝率が極端に低く、俗に言う「損切り貧乏（損切りばかりしていて手持ちのお金がどんどん減ってしまうこと）」になっていました。

もちろん、言うまでもなく利益は伸ばせるに越したことはありません。

でも、伸ばしすぎは禁物です。

黄金比率は、あくまでトータルでの利益が「1：3」を目指すのが良いとされているだけで、個々のトレードにおいては、小さな利益で決済してもいいのです。

損失こそ限定的にしなければいけませんが、利益確定は相場に合わせて柔軟に変えていかなければいけないのです。

こんなことを言うと、元も子もありませんが、そもそも、利益確定や損切り、つまりイグジット（出口）の部分を、今、どのくらい利益が乗っているかで決めてはいけません。

ここで重要なのは、今現在どのようなチャートを形成しているか？　自分が使っているロジックが、どのようなシグナルを出しているか？　ということに注目しなければいけないのです。

だから、たとえ1000円しか利益が出ていなくても、利益確定のシグナルが出たら決済しなければいけませんし、10万円の利益が乗っていたとしても、決済のシグナルが出ていなければ、利益確定をすべきではないのです。

間違っても、「よし、5分で10万円の含み益が出たから決済しよう」といった個人的な感情で利益確定をしないようにしましょう。

勘違いしないように弁明させていただくと、先ほど述べた、価格が上昇したときに売ったものが、その後も上昇し続け、反対に下落したものをそのまま保有すると、さらに下がるといった実証データは、あくまで統計によるものです。

買いポジションを持っているトレーダーが、利益確定をしたくなるような部分では、さらに上昇することが多く、反対に含み損を抱えてしまい、損切りがしづらくなった部分からは、さらに下がっていくことが多いということです。

つまり、自分が持っているポジションが、大衆心理的に利益確定をしたくなるようなポイントなら、そのまま保有すべきで、大衆が含み損を抱え、塩漬けにしてしまうポイントでは、あえて売っていくというのが良いということです。

実証データを見ると、利益は必ず伸ばさなければいけないと思ってしまいますが、小さな利益で決済をすること自体は悪いことではありません。

チキン利食いというのは、含み益が削られる恐怖心で決済をしたり、利益を一刻も早く懐に入れたいといった感情ベースで決済をすることです。

ゆえに、絶対に小さな利益で決済してはいけないという意味ではないのです。

くれぐれも、決済するタイミングを、今どのくらい利益が乗っているか？　で判断をしないようにしましょう。

「押し目買い」はするな!

「押し目買いはするな」というのは、少し極論すぎるかもしれませんが、あえて言わせていただきます。

押し目は待たないほうがいいです。

第2章で、僕が勝てるようになったきっかけの1つとして、「逆張りから順張りに変えた」というお話をしましたが、僕はそれに追随するように、押し目買いもやめました。

簡単に押し目買いの定義について説明すると、押し目買いというのは上昇局面において価格が一時的に下落したタイミングで買いを入れる手法です。逆に、下降局面の場合は押し目とは言わず、「戻りを待つ」と言います。

知らない方も多いと思いますが、この押し目買いというのは、広義では「逆張り」の投資手法に含まれることになります。つまり、押し目買いというのは、逆張りに分類されるということです。

押し目買いの心理は、長期的には上昇しているけど、今は価格が高くて入れないから少しだけ安くなってから買いたい、といった悪くいうと打算的な心情です。利益確定などの売りに押されて、少し下落したリーズナブルな価格帯でエントリーをしようという計らいです。

ただ実際は、いつ押し目が来るのか？　あるいは、どのくらい押しが入るのか？　といった定量的なものはわからないです。

押しが入ったとしても、そこが転換のサインで、そこからは下落一辺倒になってしまうこともあります。

正直、押し目なんていうのは、いつ起こって、どこで止まるかなんていうのは誰にもわかりません。

「押し目待ちに押し目なし」なんていう相場格言もあるように、待っているときほど押し目はこないものです。むしろ、本当に相場が強いときというのは、大した押し目もなく上昇し続けます。

そんなわからないタイミングを待って、少しでもリーズナブルな価格でエントリーしたいというのは、悪く言ってしまうと本人のエゴにすぎません。

相場はこれからも上がり続けるだろうけど、今はちょっと価格も高いし、もうちょっとだけ安くなってよりいい感じの価格帯になったら買おう、なんて都合の良いことはできないのです。

これから上がると思うなら、素直に買う。

この言葉はさまざまな誤解を生む可能性がありますが、あなたのその「買いたい！」と思ったときが、エントリータイミングなのです。

あなたが「正しい損切り」をできない理由

この書籍を手に取るような方は、心理学にも興味があると思うので、これは釈迦に説法とは思いますが、損切りができない理由の1つとして、**「損失回避の法則」**というものがあります。

「損失回避の法則」とは、端的に言うと、**「人間は『得をすること』よりも『損をしないこと』を選んでしまう」**という法則です。

損をしたときの痛みは得をしたときの喜びの2倍以上といわれていて、無意識のうちに痛みを避けるような選択をしてしまいます。

ある実験があります。読者のみなさんも考えてみてください。

質問①

A　無条件で100万円貰える。

B　200万円を50％の確率で貰える。

この質問では、多くの方がAを選びます。

質問②

A　200万円の借金を半額にしてくれる。

B　200万円の借金を50％の確率で全額免除にしてくれる。

こちらの場合、多くの方がBを選びます。

どうでしたでしょうか？

実は、この2つの選択肢はどちらも期待値が同じで、どちらが正解というわけではありませんが。

①の質問の場合、貰えるお金は確実に貰いたい（利益が手に入らないというリスク回避を優先する）。

②の質問の場合、借金（＝損失）はゼロにしたい（多少のリスクはあってもゼロになる可能性を試したい）。

つまり、人間は貰えるお金は確実に受け取りたいと思い、反対に失うかもしれないお金はなるべく回避したいという生き物なのです。

これが「損失回避の法則」です。

そして、これが含み損を抱えてしまったときには切れず、含み益になったときは、すぐに決済をしたくなってしまう投資心理でもあります。

ハーバード大学のジェラルド・ザルトマン教授の長年の研究から**「人間の思考や行動の95％は無意識」**だということがわかっています。

本能や感情のままにトレードをしていると、自然と利益確定が早くなり、損切りが遅くなってしまうということです。

また、オランダで最も人気のある「ポストコード・ロッテライ」と「バンクヒロ・ロッテライ」という宝くじがあります。

ポストコード（郵便番号）とバンクヒロ（銀行口座）を登録すると、それがそのまま当選番号となります。

この宝くじがなぜ人気なのかというと、一度ホームページに必要事項を登録しておけば自動で購入することができ、費用も口座から自動で引き落とされます。

わざわざ買うために店舗にいく時間もかからないというメリットもありますが、真の理由はそれだけではありません。

これは、「もし、自分が買わなかったときに自分の郵便番号と口座番号が当選していたら、どうしよう……」という「損失回避の法則」が働くことによって、購買意欲が促進されているのです。

失うことに対しての恐怖心が大きくなってしまうのは、人間の本能であり、仕方のないことです。

ですが、損切りを素早く行い、利益はできるだけ伸ばしたいときには、この本能に逆らわなければいけません。

損切りに躊躇したり、利益をうまく伸ばせずに悩んだりしている方は、人間に本来備わっている、これらの特性をしっかりと認識しておく必要があります。

心に一切の負担をかけない「損切りの仕方」

当たり前ですが、投資は損切りが命です。

そして、**「損切りはどうやるのか？」**に対しての答えは**「機械的にやる」、この一択で良いと思います。**

難しいことは考えず、エントリー時に設定した損切りポイントを頑なに守る、ただそれだけです。

基本的に、そのポイントに達する前に裁量で損切りを行うことは良いのですが、最初に決めたポイントよりも後ろ（マイナス方向）にずらすことは基本的にしてはいけません。

大人気漫画『鬼滅の刃』（吾峠呼世晴《ごとうげこよはる》・著、集英社）では、主人公の竈門《かまど》炭治郎《たんじろう》が鬼殺隊としての師匠の鱗滝《うろこだき》左近次《さこんじ》から**「禰豆子《ねずこ》（妹）が人を喰ったらどうするか？」**と質問をされたときに数秒間フリーズしてしまい、**「判断が遅い」**と平手打ちをされました。

そして**「お前は覚悟が甘い、妹が人を喰ったときは、妹を殺し、自分は腹を切って死ぬ。鬼になった妹を連れて行くというのはそういうことだ」**と言い放ちました。

トレードにおいても、予期せぬ自体が起きたときの行動は決めておかなければいけません。「こうなったときは、こうする」ということを、予め決めておくことで、いざというときに素早い行動ができます。

投資の資金は命と同じです。

「下がったらどうしよう」ではなく、「下がったときはこうしよう」と先に決めておかなければいけません。

エントリー時に、損切りをする位置を決めておき、相場が逆方向にいったら、そこで決済をするだけです。

損切りというのは、そういうやり方でいいのです。

自分の手でポジションを切ることに躊躇《ちゅうちょ》してしまう方は、エントリー時にストップ注文（あるレート以上・以下になったら買う・売るという注文を事前に出しておくこと）を入れておく方法でもいいでしょう。

そして重要なのは、そのストップ注文は絶対に動かさないことです。

たまに逆行して、相場がストップ注文に近づいてきたからといって、後ろにずらしてしまう人がいますが、愚の骨頂です。

また、追証《おいしょう》が発生したときに追加入金してしまう人がいますが、これも絶対にやってはいけない行為です。

もしかしたら、今回のトレードはそのおかげで助かるかもしれません。でも次もまたきっと同じようなことが起きてしまうでしょう。

そんなとき、次回も助かる保証はあるでしょうか？

仮にたまたま助かったとしても、いつか必ず取り返しのつかない失敗をしてしまうと思います。

僕はスピリチュアル的なことは信じないタイプですが、意外とそういったことは早く起こってしまうものです。

エントリーをしてから相場が思った方向に動いていないということは、そもそもエントリーの根拠が崩れている場合が多いです。

ゼロベースで考えると、そこはトレードをしてはいけないタイミングでもあり、ポジションを保有している意味がない状態です。

また、損切りポイントに到達する前にポジションを手放したくなってしまう場合があると思いますが、それは特に構いません。

相場がくすぶって、予想通りの値動きを見せず、逆方向に動く兆候が見られたときは、想定よりも早くポジションを切ってしまうのはありだと思います。

損切りは、機械的に行うことで解決します。

慣れの部分が大きいかもしれませんが、実際にはそれができず、大きな損失を出してしまう人は少なくありません。

ただひとつの理由として、損切りができない人は、そもそも投資する金額が大きすぎたりもします。

例えば50万円の含み損を抱えてしまったとします。このとき、「50万円の損失なんて切れない、せめてトントンになるまで待とう」と思い、塩漬けにしてしまう人が多いかと思います。

ただ含み損が10分の1だったら、どうでしょうか？

含み損は5万円になり、損切りを躊躇なく行うことができるはずです。

人間は利益よりも損失に対して恐怖を2倍以上感じてしまいます。

つまり、損をする金額が増えれば増えるほど、その恐怖は指数関数的に増えていくことになります。

そんなとき、自分の感情に素直に従っていると、損切りに遅れてしまうことが多いので、やはり「損切りは機械的にやる」、この一択で良いと思います。

それでも損切りができないという方は、そもそもの投資金額を減らしてみると良いでしょう。

「トレード日誌」をつけないと起こる悲劇

投資関連本を読んでいると、「トレード日誌をつけなさい」と書いてあることが多々あります。

結論を先に言いますと、初心者が日誌をつけずに勝てるようになるのは、ほぼ不可能です。

科学の世界でも記録の効果は広く認められています。

カリフォルニアにあるドミニカン大学の研究によると、**「作業の進み具合を紙に書き出すと、プロジェクトが成功する確率が33%高くなる」**ことがわかっています。

ダイエットでも、自分が食べたものを記録することで、そうでないときと比べると体重が減るスピードが2倍も上がることがわかっています。

そもそも、人間は忘れる生き物です。

ドイツの心理学者のヘルマン・エビングハウスが発表した、人間が時間とともにどれだけ記憶を忘れるかを数値化した**「エビングハウスの忘却曲線」**というものがあります。

この実験では、無意味な音節を記憶し、時間とともにどれだけ頭に残っているかを計測しました。すると、**「20分後に42％忘れ、1時間後には56％、1日後には66％忘れ、6日後にはなんと75％忘れる」**という結果になりました（図7）。

もちろんこれは「子音・母音・子音」からなる無意味な音節を覚えた時の記憶のデータであり、実際はこれほど忘却することはないと思います。けれど、時間とともに記憶は薄れていくことは間違いないでしょう。

トレードで大切なことは「失敗から学ぶ」ことですが、日誌をつけないと、過去の失敗したトレードを忘れてしまうことになります。

自分の失敗したトレードというのは、他のどんなものよりも、学びになる教材です。また、新たな手法の発見にも繋がるかもしれません。

図7：エビングハウスの忘却曲線

人は20分後に42%忘れ、１時間後には56%、
１日後には66%、６日後には75%忘れる

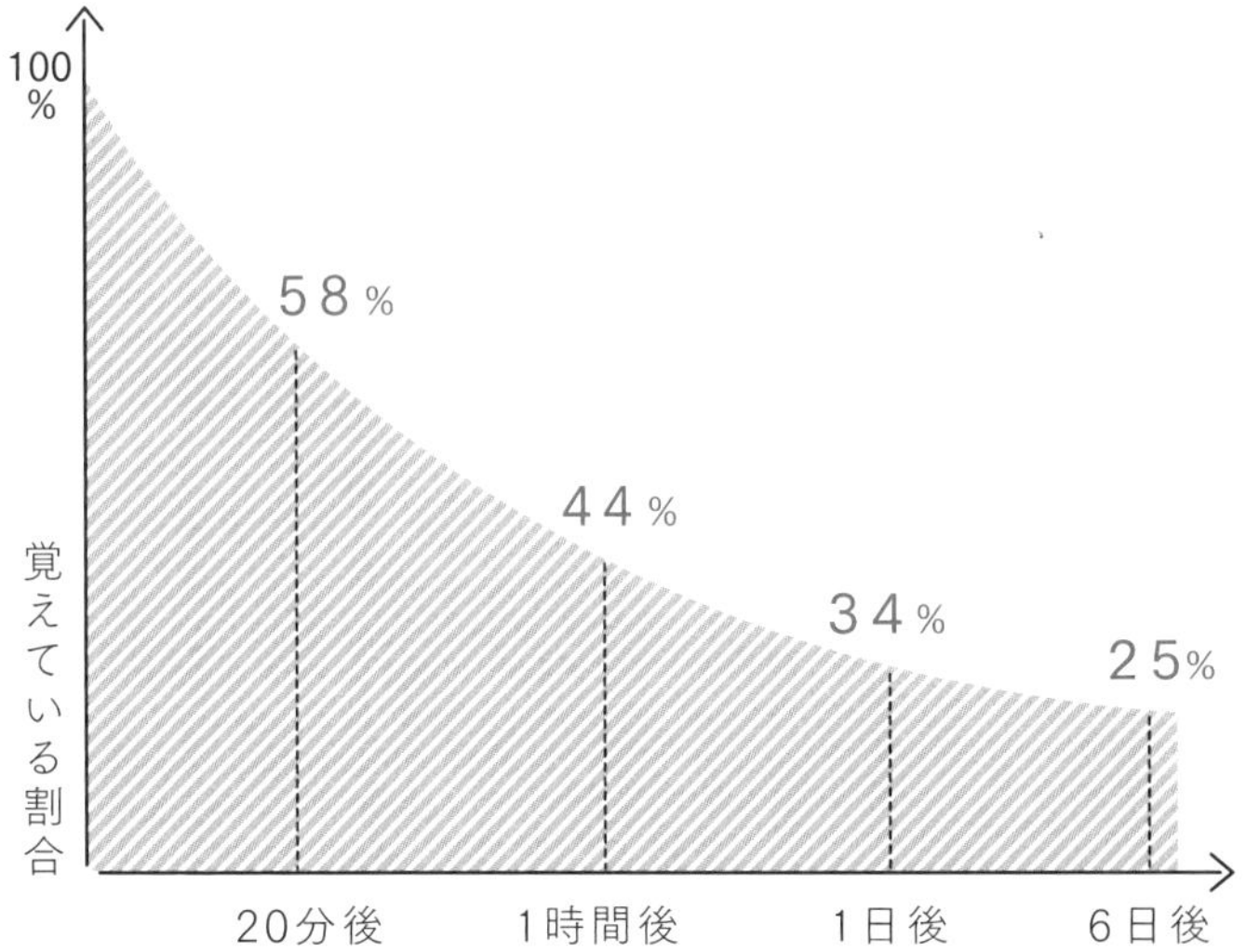

エビングハウスの忘却曲線

時間の経過とともに記憶は薄れていく

ちなみに、発明王のトーマス・エジソンもメモ魔だったそうです。

多くの発明や改良を行っていたため、訴訟問題も多かったのですが、こまめに取っていたメモがそれらを否定する証拠となり、**「メモこそ命の恩人だ」**といった言葉も残しています。

僕も未だにチャートを見ていても、値動きにちょっとした気づきがあったときは、メモを残しています。

そこから新たな手法が閃いたこともあります。

人間の記憶というものは本当に曖昧です。

特にデイトレやスキャル（スキャルピング）などで頻繁にトレードを繰り返している場合、すべての取引を記憶しておくことは、ほぼ不可能です。

「ミスをして失敗したトレードを忘れてしまうと、どうなるか？」、それはつまり、同じ失敗を繰り返してしまうということです。

失敗と向き合わずして、成長はありません。失敗や挫折を活かすためには、記憶に頼らず記録を取るべきです。

負けトレードを刷り込みレベルまで記憶し、徹底的に排除していく。プラスを増やすというよりは、マイナス分を減らしていくことで自然と利益が生まれるのです。

また、日誌をつけことによって、勝負所を見極められるようになり、「余計な取引が減り、エントリーポイントが厳選される」といったメリットもあります。

そのため、失敗したときは、記憶が鮮明なうちに記録しておくことが大事です。大損をすると、メンタル的にきつい場合もありますが、そのようなときほどメンタルを強く保って、記録に残すといいでしょう。

そのときには、子細に振り返らなくとも、ログとして残しておけば、あとで振り返ることができます。

まずは、日誌のつけ方にはこだわらず、簡単に取引した通貨や銘柄、ポジション量、収益、取引と決済理由だけでも残しておきましょう。

そういった日々の積み重ねが、あとで膨大な利益に繋がるのです。

「英ポンド／円」で高確率で勝てる手法

僕のトレードスタイルは、チャートを基にしたパターン分析です。

パターン分析というのは、チャートの形状をパターン化し、天井や底値を判断したり、トレンドの継続や反転を判断するテクニカル分析の1つです。

よく受ける質問に「インジケーターは何を使っていますか？」とか、「移動平均線の数値はいくつですか？」と聞かれることがあるのですが、複雑なインジケーターは特に使っていません。

メインの1時間足のローソク足に表示させている、移動平均線とフィボナッチ比率くらいです。

過去には、ストキャスティクスやRSI（Relative Strength Index）、一目《いちもく》均衡表など、さまざまなテクニカルを表示させていましたが、今はシンプルにチャートに比重を置いたトレードをしています。

余計なものを削ぎ落としたことで、チャートに集中することができ、思考力や判断力が上がり、新たなアイデアが浮かびやすくなりました。

僕が英ポンド／円で使っている主なパターンは3つです。

1つ目のパターンは、高値（安値）モミモミ再上昇（再下落）のトレードです。

図8－1のように、一度上昇を見せた後にいったん上昇が止まり、しばらくレンジが続いた後、再び上昇するというパターンです。

レンジかどうかは、1時間足でローソク足が5本（5時間）以上を判断基準とします。

エントリーのタイミングは、レンジ内で入ってしまってもいいですし、レンジを抜けてブレイクしたところで入ってもいいです。

僕の場合は、先にレンジ内で入ることも多いですが、少し相場が弱いようなら、ブレイクするまで待ってから入ることもあります。

ブレイク後は、大衆のショートポジションの買い戻しにより、上昇に拍車がかかるので、値幅の伸びしろも大きいです。

図8－1

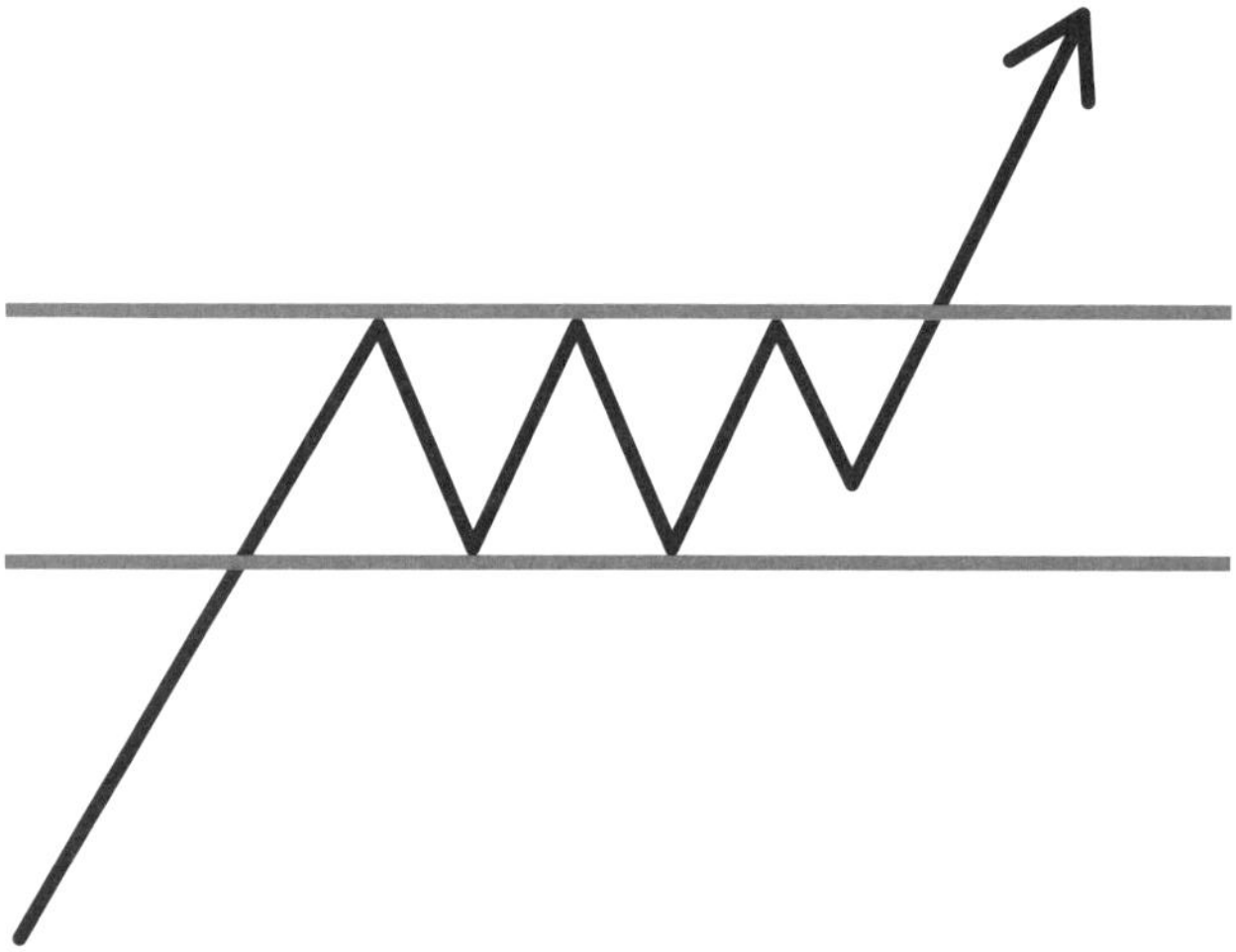

特に英ポンド／円の場合は、比較的トレンドも続きやすく、ボラティリティ（値動きの幅）も高いです。よって、一度で大きな利益を狙うこともできます。

また、米ドル／円やユーロ／円、豪ドル／円などでも、この方法を過去に遡って検証をしましたが、最も利益率が高いのが英ポンド／円でした。

この手法は、上昇時下落時に限らず、汎用性が高いので非常におすすめです。

また、この高値（安値）モミモミ再上昇（再下落）に似ている場面で、このようなパターンが図8－2にあります。

Aの地点まで下落した後に、いったん戻りを形成しています。

そこから再び下落するものの、途中で下げ渋り、中途半端な位置でモミモミしている状態です。

このパターンを形成したときは、底を打って上昇に転じるよりも、再び下降していく確率のほうが高いです。

この場合も、レンジ（モミモミ）かどうかは、1時間足でローソク足が5本（5時間）以上を判断基準とします。

図8－2

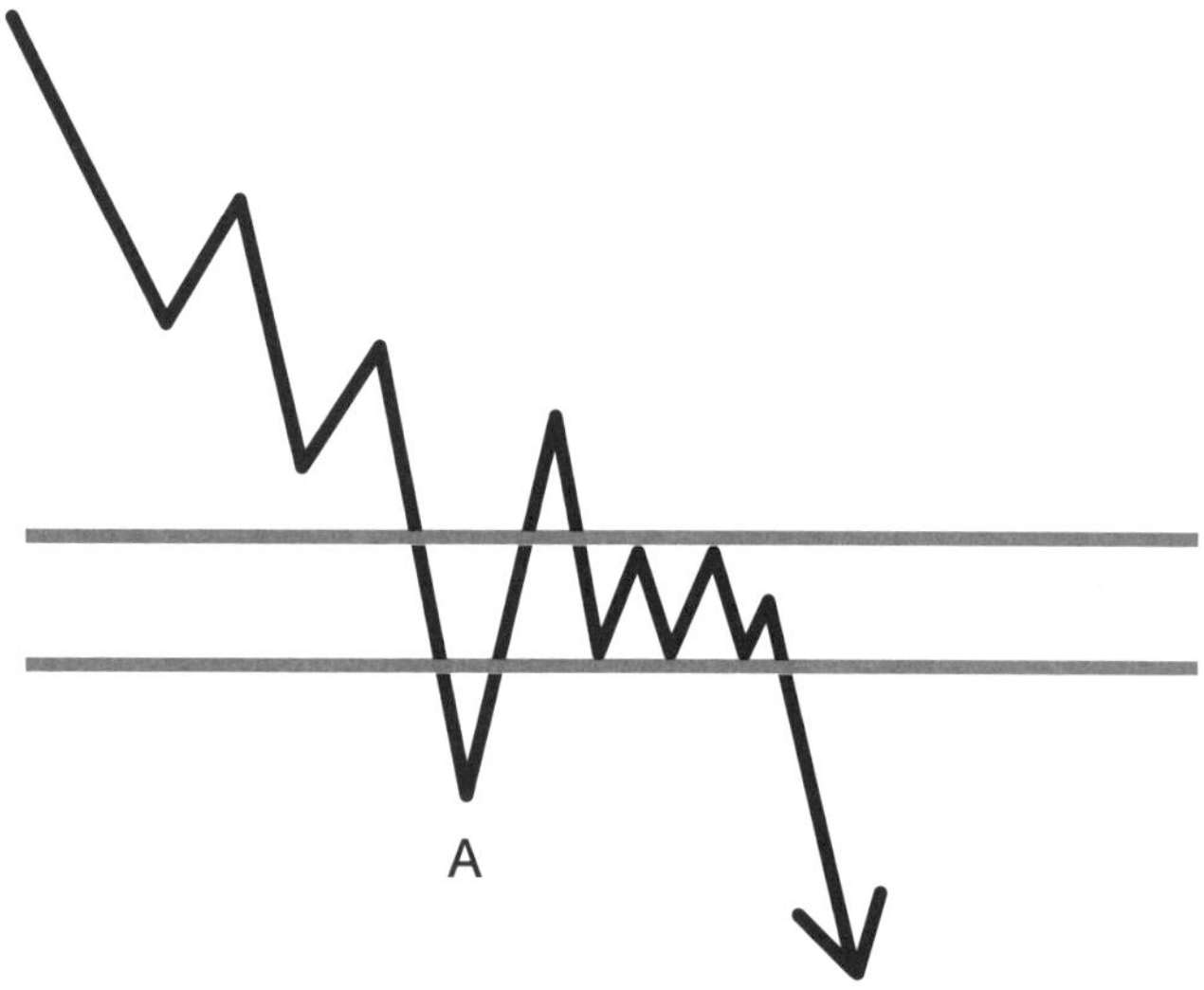

大衆心理的にも、いかにも買いから入りたくなってしまうような状況です。このようにレンジが続くにつれて、Aをサポートラインとした、逆張りの買いポジションを持つ人が増えてきます。

そのため、大口の売り仕掛けなどで、下落したときに大衆の買いポジションのロスカットが誘発されて一気に下落します。

基本的に相場は上昇よりも、下落のときのほうが恐怖心を感じやすくなっています。よって、下げれば下げるほど、大衆は弱気になり、さらに下げるといった負のスパイラルが発生します。

上昇時にもこのパターンの理論は使えます。

しかし、一般的に下落のときのほうがスピードが速く、心理的にも投げ売りが起きやすいため、僕は下落時に使うことが多いです。

2つ目のパターンは、ヘッドアンドショルダーのダマシからの再下落のトレードです。

図8－3をご覧ください。ヘッドアンドショルダーというのは、ネックラインを下抜け

た時点で完成形となり、上昇トレンドの終息サインとなります。

定石通りにいけば、そのまま下落します。

しかし、このケースでは、下落のダマシをつけて再び上昇し、そこから一定の価格で上げ止まり、再び下落しています。

エントリータイミングは、ダマシをつけたときの安値を割った水色の丸の部分です。まず、最初にネックラインを割ったタイミングで、売りで入る人も多いでしょう。ところが、相場は思ったほど下がりません。

これは仮説ではありますが、そこから相場は大口の買いにより、急激に上昇します。それによって、ネックラインを割ったときに、売り仕掛けをした人達が、慌ててポジションを解消します（ロスカットをする）。

得てして大口というのは、**「買うために売る。売るために買う」**といった行動をするものです。

単純にネックラインを割ったときに売りを入れてしまうと、定石通りに売りを入れてき

図8－3

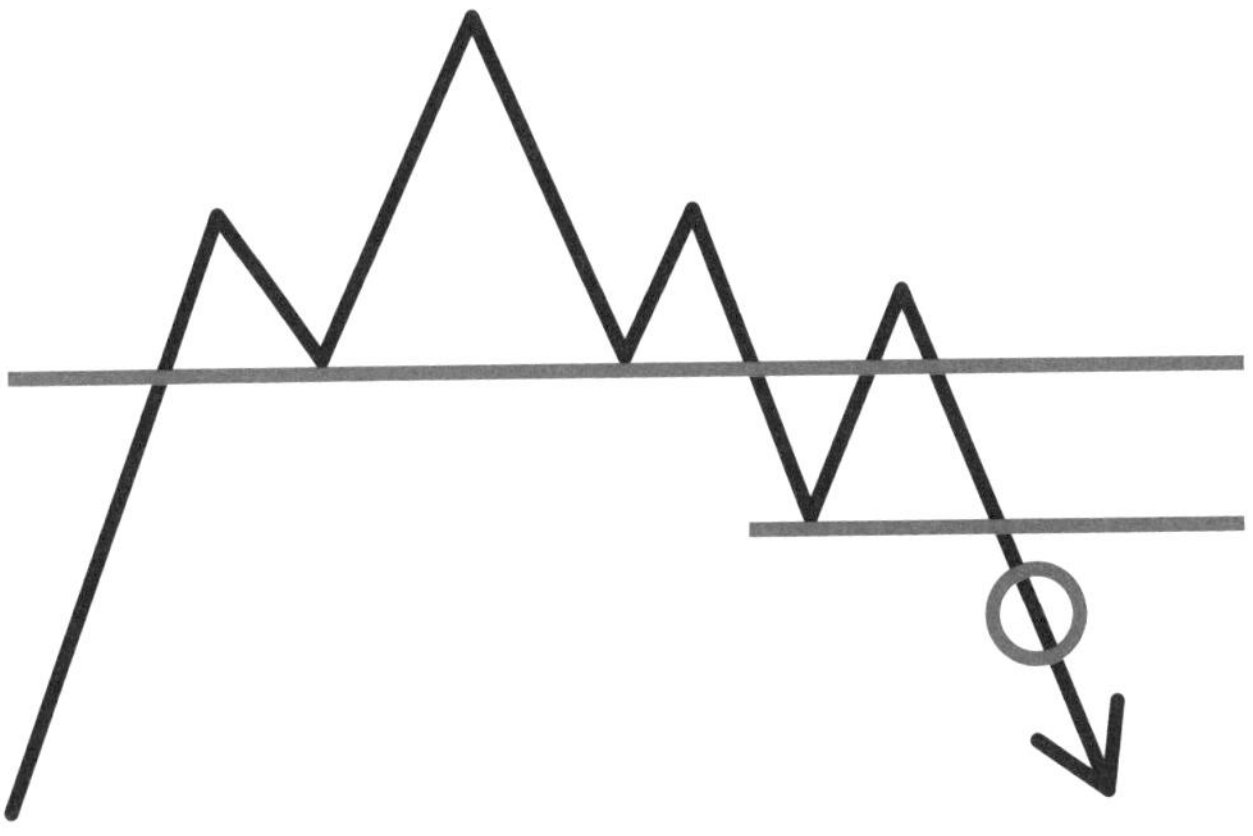

た多くの人に得をさせてしまいます。

そうならないために、一度ネックラインを割ったときに仕掛けられた売りポジションに、大量の買いを浴びせることで焼き殺します（ポジションを投げさせる）。

その後に、あらためて売りポジションを持つわけです。

ネットや書籍に書いてある定石通りの値動きには、実際はなかなかならないのはそのためです。

大口は常に大衆のロスカットポイントを意識して、それを活用して利益を上げているのです。

残酷な話ですが、相場はゼロサムゲームです。誰かの得は誰かの損、誰かの損は誰かの得になります。

単純に売り仕掛けをするよりも、一度大衆にポジションを手放させてから、本来持つべきポジションを持つほうが大口は得をするのです。

実際のところ、ネックラインを割ったところで売り仕掛けをする場合よりも、いったん上昇してから売り仕掛けをするほうが平均取得単価を上げることができます。

ただ、前述したように、これはあくまで仮説なので、一般大衆である僕らが、ダマシが起きた直後の上昇のタイミングで売るのは危険です。

ダマシである以上、その後に上昇してしまう可能性もあります。

よって、直前の安値を抜けるところまで待ってから売りを入れるほうが、信頼度は上がります。

これも僕が10年ほど過去に遡って検証したところ、かなりの精度で利益を上げられる手法です。

また、逆ヘッドアンドショルダーのときに買いで入る場合はどうかというと、これも信頼性は高いです。

しかし、前述したように、基本的に相場は上昇のときよりも下落のときのほうが恐怖心を感じやすくなっているため、僕はヘッドアンドショルダーの売り仕掛けのときに使うことが多いです。

3つ目のパターンは、V字回復の上値ブレイクのトレードです（図8－4）。

エントリータイミングは、V字を形成した後の直近の高値を抜けた水色の丸の部分となります。

前述した通り、相場は定石通りの値動きが起こりにくいです。

たとえ、ずっと上がり調子だったとしても、調整は必ず入ります。

押し幅は、浅いものから深いものまであります。上昇トレンドの最中であっても、途中でこのようなV字を形成することも少なくありません。

V字が形成されるときというのは、その部分で多くのロスカットが起きています。

上がり一辺倒で、単純に上昇し続けてくれればいいのですが、相場はそれほど単純ではありません。

このように上値をブレイクして上昇する前に、買いポジションのふるい落としが起こることが頻繁にあります。

イメージ的には、一度しゃがんで勢いをつけてからジャンプする（上値を抜けて上昇）、といった感じです。

先ほどの理論と同様に、相場はゼロサムゲームです。

図8－4

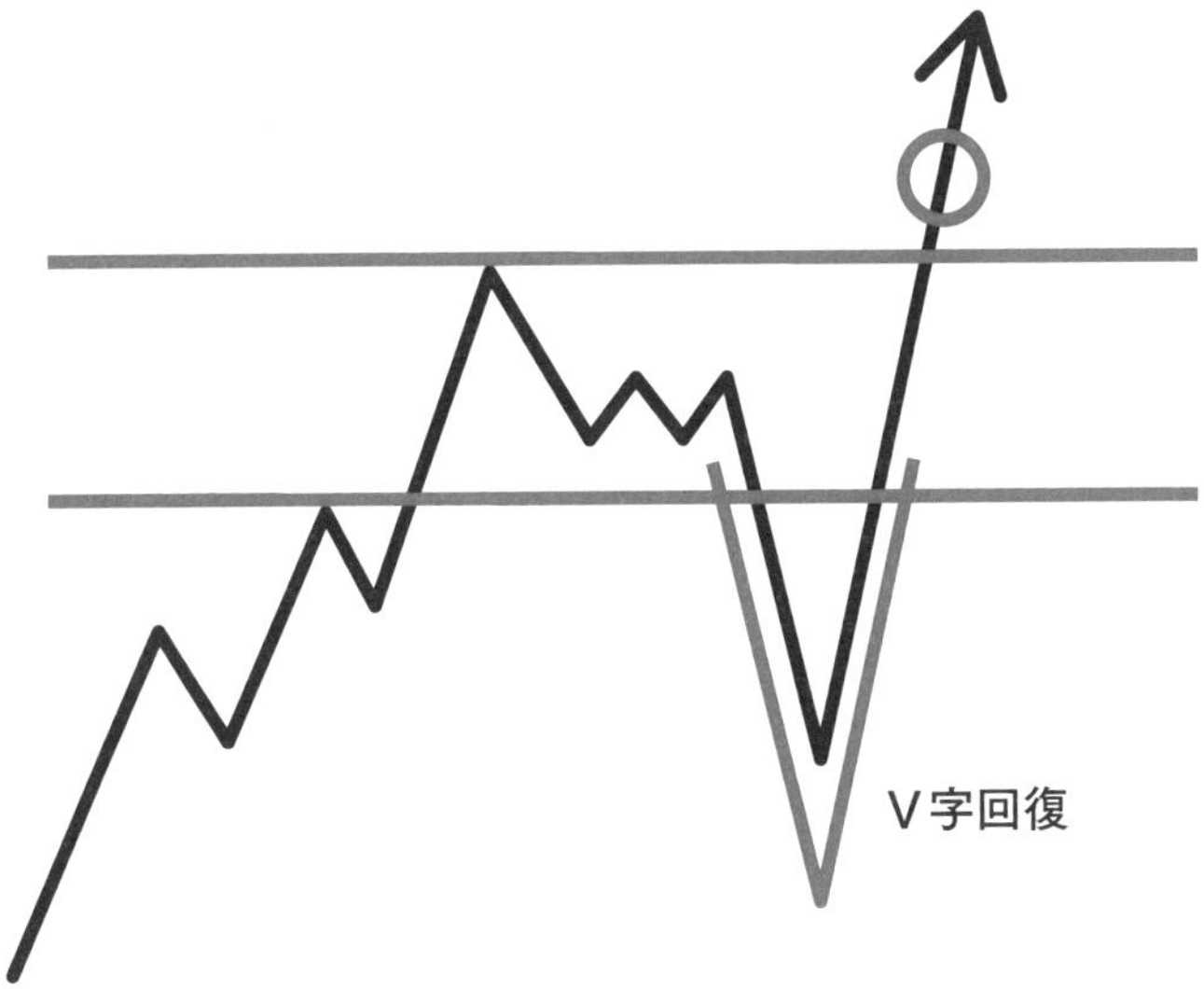

誰かの得は誰かの損、誰かの損は誰かの得になります。

大口が買い仕掛けをするときには、単純に買いを入れるわけではありません。一度売りを浴びせて、大衆のロスカットを誘発させ、投げ売られたものを安く買い集めていくのです。

V字を形成した後は、さらに大口が買い進めてくる可能性があるので、さらに上方向に行きやすいです。

直近の高値を抜けたところに、売りポジションのストップ注文も溜まっています。そこをブレイクすることで、上方向への勢いがさらに加速します。よって、そこを抜けたところがエントリーのタイミングというわけです。

これらのパターンは、今現在、僕が英ポンド／円でメインで使っている手法です。

もちろん、英ポンド／円以外でも使えますが、過去検証をした限りでは、英ポンド／円が最もこのパターンに嵌りやすいです。

英ポンド／円はボラティリティも高く、トレンドを形成したときには値幅を取りやすいです。

ですから、この手法で利益率を最大化させせるのであれば、英ポンド／円でご使用いただくことをおすすめします。

念のため言っておきますが、これらの手法は、今現在は高い確率でうまくいきますが、今後の相場環境の変化によっては機能しなくなる可能性もあります。

そのため、リアルトレードで使う場合には、デモトレードなどで一度検証してみてから使っていただくのがいいと思います。

第5章

今後も投資家として「勝ち残る」ための処方箋

失敗して大損をしたときの対処法

これまで相場で損をしない方法について述べてきましたが、人間である以上、ルールを破ってしまうこともあるでしょう。

損切りができなかったりして、損を出してしまうこともあると思います。

僕自身も相場では数々の失敗をしてきましたし、大損を出して寝込んでしまったこともあります。

特に初心者の頃は、トレードの資金と私生活のお金を混同しがちです。「このお金があったら美味しい焼肉が食べられた」「欲しかったパソコンが買えた」などのように損失分を実生活に置き換えて、メンタルをすり減らしてしまいます。

プロのトレーダーであっても、失敗をうまく処理できず、それが引き金となり、さらなる破滅をもたらしてしまうこともあります。

もちろん本来ならば、大損をする前に対処しなければいけないのですが、人間が取引をしている以上、予期せぬ損失を被ってしまうことは想定しておかなければいけません。

そこで僕から、そういった事態が起こってしまったときの、科学的に有効な対策を3つご紹介させていただきます。


1つ目の対策は、**「過去を過去の出来事だと強く意識する」**ということです。

どれだけ失敗したことや損をしたことを考えても、過去は変えられません。ただ、ネガティブな思考というのは、人間の生存本能でもあり、人間は自然と物事をネガティブに考えてしまうクセがあります。

特に、日本人は遺伝子の各種研究からも圧倒的にネガティブなタイプが多いことが明らかになっています。

ただ、いくら過去について考えても、損をしたお金が戻ってくるわけでもありません。

特にネガティブな感情は想起しやすくなっているため、意識的に気持ちを切り替える努力をしないと、それを延々と繰り返してしまいます。

これは**「マインドワンダリング」**といって、自分の心が「今この瞬間」に起きていることとに注意を向けられずに、目の前の課題とは関係ないことを考えて彷徨《さまよ》ってしまっている状態のことです。

研究によると、人がこういった思考に陥ってしまっている時間はなんと1日の43％もあるそうです。

1日24時間のうち睡眠の8時間を除いたとしても、6時間以上も「マインドワンダリング」の状態になってしまっているということになります。

損をしたのは、「過去」の出来事なのに、それによってメンタルをすり減らしている状態は、意識が「今」にない状態です。

トレードで失敗して虎の子のお金がなくなってしまったかもしれませんが、考えてもそのお金は返ってきません。

正直、メンタルをすり減らしてしまうだけ無駄です。それよりも、今後そのようなことが起こらないための対策を考えなければいけません。

メンタルが落ち込んでしまっている時は「今」という場所に自分はいないので、すぐにでも今の「この瞬間に戻す」必要があります。

自分が為すべきことに集中することによって、マイナスの感情をコントロールできるようになるのです。

そのためには、この「マインドワンダリング」のメカニズムを理解すること。

そして、過去を過去の事象だとしっかり理解すること。

すでに起こってしまった過去を思い返す時間が、いかにもったいないことなのかを認識することが大切です。

人間なので、ネガティブなことを考えてしまうことは仕方がありません。

でもそんなときにふと我に返って、「今」という場所に自分を戻す。

そしてまた過去を振り返ってしまったとしても、また意識を「今」に戻す。

ということを一定期間繰り返すことによって、自分のマインドをコントロールできるようになります。

そして2つ目の対策は**「他の何かに没頭する」**です。

他の何かに集中することで、悪い思い出の引き金を排除できます。

例えば「テトリス」なども良いとされています。

イギリスのプリマス大学の実験でも、ダイエット中に食事の前にテトリスをしてもらうだけで、20％の食欲を抑えられたという結果もあります。

さらに、交通事故の被害にあった人が、事故後6時間以内にテトリスをしてもらうことで、事故の記憶が和らいだという実験結果があります。

テトリスに集中することで、事故時の視覚的な記憶がぼやけていったようです。

また、その他にも、テトリスをするだけで、睡眠やアルコール、ニコチンなどの欲求を20％抑えられることもわかっています。

しかも、たった3分プレイするだけでも効果があるので、ネガティブな感情が想起し続けているときには、プレイしてみるといいでしょう。

そして3つ目の対策は、**「チャートを一定期間見ない」**です。

損失を出した後は特に、「その損をすぐに取り戻したい」という感情に襲われます。ただ、そんなときにトレードをしても、冷静な判断ができなくなっているので、良いトレードはできません。

「休むも相場」なんて言葉もありますが、ときには「何もしない選択」が一番であることもあります。

変にチャートを監視したりすると、損失を取り戻したいと思い、衝動的なトレードをしてしまうこともあるので注意が必要です。

ちなみにこういったことはプロのトレーダーでも往々にしてあります。

シンプルな方法ですが、自分の気持ちが落ち着くまでは「チャートを見ない」というのは、余計なトレードをしないための合理的な方法なのです。

99.9%のトレーダーは勝ち続けられない

「99・9%の人は勝ち続けられない」

これは投資だけでなく、すべての分野にいえることなのですが、99・9%のトレーダーは勝ち続けることができません。

少し大げさに聞こえるかもしれませんが、勝ち続けることはそれくらい難しいということです。

たとえば、飲食店などは開業して2年以内に約半数が廃業していて、3年で7割が廃業し、10年後も営業しているお店は1割以下だといわれています。

短期的に利益を上げられたとしても、それを「継続」するのは、何倍も難しいです。

特に投資業界では、一発屋といわれてしまうトレーダーも多く、少し前の仮想通貨バブルで「億《おく》り人」になった人たちがその典型例でしょう。

相場の波に乗り、短期的にうまく利益を出せたとしても、その後に利益を守れなければ意味がありません。

実際、「億り人」といわれている人たちも、その後の相場で利益額以上の損失を出してしまい、相場から撤退してしまった人も少なくありません。

実は相場の特性上、運次第では、短期的に利益を上げることは誰でもできます。

「億トレーダー」なんて言葉がもてはやされていますが、重要なのは億トレーダーになることではなく、「億トレーダーを続けること」です。

うまく潮流に乗って得た資金を、未来の相場でどのように守っていけるかが勝負の分かれ目となります。

トレードにはメンタルが重要だということは、もはや言わずもがなだと思いますが、目の前で自分の虎の子のお金が増えたり減ったりしているのを見て、メンタルが1ミリもブレず、常に一定に保つことができる人は、ほとんどいないでしょう。

そういったことを勉強と努力でコントロールすることは可能です。

メンタルのバランスを保ちつつトレードに向き合い、常に学び続け、短期的な結果にこだわらず、真摯に取り組んでいく。

しかし、その工程を考えると、勝ち続けるというのは難しく、大半の人は途中で挫折してしまいます。

順調に資産が増えていたのに、損切りができず、1回の負けでそれまでの勝ち分をすべて吹き飛ばしてしまった、という経験をした方は多いと思います。

コツコツ積み上げてきたものが、皆無になってしまった時というのは、ことのほかメンタルが消耗してしまいます。

そんなときに人は挫折を感じてしまい、トレードを「やめる」という選択肢を選んでしまうことになるのです。

僕は、たまたま性格的に1つのことをやり続けることが得意だったので、大損をしながらもトレードを続けられましたが、大半の人はある程度の期間うまくいかなかったら、やめてしまうのが普通でしょう。

故マーク・ダグラスの著書『ゾーン　最終章』（パンローリング）では、**「トレードは楽にお金儲けのできるものの中で最も難しい」**という言葉が記されています。

トレードは、ビジネスや会社経営とは違って参入障壁が低く、誰でも簡単に始められてしまうため、その意外なほどの難易度の高さにギャップを感じ、相場を去ってしまう人が多いということです。

トレードで勝つ人はセンスがあるとか、天賦の才があるのではないかと思われるかもしれませんが、長年トレードをしてきた経験から言わせてもらうと、勝敗を決する彼我の差というのは、実はほとんどないように思えます。

トレードで結果を出すためには、ある程度の期間が必要です。

たとえ一時的に大きな利益を得られたとしても、それに甘んじて努力を怠るような人は勝ち続けることはできません。

勝っても負けても驕らず、その両方を分析して、学び続けない限り、トレーダーとしての成功者にはなれないということです。

僕はYouTubeや他のSNSなどでDMを開放しているので、日々いろいろなトレーダーさんからメッセージをいただけます。

嫌な言い方になってしまうかもしれませんが、そういったメッセージから総じて言えることは「みんな思いの外焦っている」ということです。

「10万円の資金を1000万円にしたい」や「会社を辞めて専業になりたいんですけど、資金はいくらあれば足りますか？」などの質問がきたりもします。

大半のトレーダーは、投資を始めて数週間から数ヶ月で結果を出そうとします。おそらく年単位で待てる人は少ないでしょう。

その焦りから、利益を出すという結果にコミットしすぎてしまい、身の丈に合っていないロットでトレードをしたり、失ったお金をすぐに取り戻そうと博打《ばくち》的なトレードをしたりしてしまいます。

世界三大投資家といわれるジョージ・ソロスはこういったトレーダーたちに向けてこんな言葉を残しています。

「まずは生き残れ、儲けるのはそれからだ」

多くのトレーダーは目先の利益ばかりを追い求めてしまいます。

それよりも大事なことは、損をいかに出さずに相場に生き残れるか、であって、いきなり最初から儲けようとしても、お金が増えることはまずないということです。

正しい知識と真摯なトレード、そして経験。

トレードは、勝っても驕らず、負けても卑屈にならないというフラットな精神状態を保つことで、バランスの取れた良いトレードができます。

ひとつひとつのトレードを一生懸命やることは大切ですが、それに固執しすぎるのはよくありません。

まずは知識をつけ、経験を積み、真摯にトレードを続けていくという1つの目標に向かって進むというのが正しいやり方です。逆に言えば、最初は利益を得ることを度外視してしまってもいいです。

資産を増やさなければいけないとか、一刻も早く勝ち組に入らなければいけないという焦燥感を抱いてしまうと、そういったことができなくなってしまいます。

投資は、続けるかやめるかを自分自身で選択することができます。

「投資の負け＝やめること」であって、自身でその諦めのスイッチを押さない限り、投資を続けることができます。

別の言い方をすると、自分から白旗を掲げない限りとりあえず負けることはないということです。勝負の勝ち負けというよりは、負けるかどうかの選択肢を自らで決められるということです。

そのためには、まずはトレードを続けること。

つまり生き残るということを重視して考えていくことで、最終的に相場に生き残り、勝つことができるのです。

「過去検証」は絶対に続けなければいけない

これまでさまざまな心理学の知識やノウハウをお話ししてきましたが、結局のところ勝つためのやり方というのは、たった1つです。

それは、ずばり、チャートをもとにした「過去検証」をすることです。

僕は何度もトレードにおける「聖杯」はないとはいっていますが、あえていうなら、これが聖杯です。

もちろん、ファンダメンタルなどの経済を分析し、未来の相場を予測して取引をすることで利益を上げられることもあるでしょう。

ですが、たとえそのやり方をして数年単位で利益を上げていたとしても、それはたまたまである可能性が高いです。

経済の専門家が未来の相場の予測をしても、的中率が半分以下だというお話は聞いたことがある人もいるでしょう。

カルフォルニア大学バークレー校の教授時代、フィリップ・テトロックは284人の専門家の8万2361の予測を過去20年にわたって調べました。

その結果はおどろくべきことに、**「サイコロを投げて適当な数字を選んだときのように、ほとんどの予測は外れていた」**のです。

ハーバード大学の経済学者のジョン・ケネス・ガルブレイスも、**「未来を予測する人は2種類に分けられる。何もわかっていない人。そして、何もわかっていないことをわかっていない人」**といった皮肉も残しているくらいで、たとえ経済の専門家だとしても、経済予測は難しいということです。

ただ、そういったファンダメンタルの予測になると難しいのですが、チャート分析になると、少し違ってきます。

チャート分析というのは、いわゆるテクニカル分析のことですが、値動きというものは、ある程度、似た動きを繰り返す傾向があります。

テクニカルには、ローソク足はもとより、移動平均線、MACD、ストキャスティクス、一目均衡表、フィボナッチリトレースメントなどさまざまあります。

それらを、組み合わせて銘柄や通貨ごとにどの組み合わせが最適なのかを、過去の価格や値動きに合わせて分析していくのです。

「過去にこういった動きをしたときはこうなる」というのは、銘柄や通貨によって違いますし、時期によっても異なります。

同じやり方でも、ある時期にはものすごい利益が上がるけど、別の時期にはまったく利益が出ない、ということも頻繁に起こります。

それをしっかりと可視化するためにも、「検証作業」が必要で、利益の出る手法とそうでないモノを明確に分けることができます。

トレードは手法を使うタイミングも重要になってくるので、検証作業をすることで「普段はこの手法で利益は出るかもしれないけど、今は利益を出せそうにないな」などの判断力もつきます。

これは言うなれば、機械的な作業です。

過去にファンダメンタル、感覚や値頃感、特定のテクニカルによるトレードを散々してきましたが、どれもうまくいきませんでした。

ただ、この検証作業を行ってからは、収支が劇的に変わりました。

僕が18年間トレードをしてきた結論として、検証はトレードで勝つためには、もはや不可欠と言ってもいいくらいでしょう。


もちろん、相場はランダム性も強いので、過去の分析がそのまま未来に通用するとは限りません。

また場合によっては、過去はこのやり方でうまくいったものが今回はうまくいかなかったということもあり得ると思います。

けれども、過去にうまくいっていない手法は、大抵の場合、未来でも通用しません。だから少なくとも、過去に機能しているものを使うべきです。

繰り返しになりますが、何も検証をしていない場当たり的なトレードや、値頃感でのトレード、感情に任せたトレードはするべきではなく、明確に過去に利益の出ているロジックだけを使うべきです。

むしろ、それ以外でのトレードはやらなくてもいいくらいです。

何事にも100%の正解なんてありません。

しかし、僕はこれを徹底したことで、トレードの勝率が劇的に上がりました。

これは疑うことのできない100%の事実です。

「勝ち残る」という結果を出し続けるために

投資で生き残るためには、ただトレードで勝つだけではなく、勝ち続け、「勝ち残り」ができなければいけません。

「一時的に大勝ちをしたけど、その後に大損をして相場から退場してしまった」というトレーダーは数多くいます。

特に短期間に資産を何倍にも増やしたという方は、うまく相場の波に乗って利益を上げることができただけで、その後もそのやり方がうまくいき続けるとは限りません。

自分の手法にたまたま相場が合致しただけとか、たまたま上昇の波を掴めた、などなどありますが、実のところ、それが運による勝ちである可能性が高いのです。

もちろんすべてが、偶然だというつもりはありません。

しかし、短期間での資産の増加、つまり短期的な勝敗というのは確率によって偏りが出てしまうので、本当の実力が反映されていないことが多いのです。

ナシーム・ニコラス・タレブの著書『まぐれ』（ダイヤモンド社）の中で、**「人は投資で儲かると自分の実力だと思い込み、損をすると運が悪かったと思ってしまう」**と記されています。

前述したように、人は成功したときには自分自身の能力によるものであると考え、失敗したときは外部のモノのせいにしてしまうといった「自己奉仕バイアス」の考え方があります。

特にうまくいっているときほど、こういったバイアスには引っかかりやすいので注意が必要です。

トレードで勝ち続けるためには、偶然による勝ちではなく、きちんとした根拠のある勝ちを積み重ねる必要があります。

「値頃感で買ったら、たまたま上昇した」「感情に任せて適当に取引をしたら勝った」などのような再現性のないトレードをしてもあまり意味がありません。

重要なのは、また同じような相場がきたときに、同じ手法を使って利益を上げることができるかです。

そしてもうひとつ、勝ち続けるために大事なことは、メンタルを常にフラットな状態に保つということです。

そのためには、投資する資金の調整が必要になります。

少しびっくりされるかもしれませんが、勝ったときに嬉しいと思うような金額ではトレードしないほうがいいです。

勝ったときに嬉しいと思うような金額でトレードをやっていると、それはイコール負けたときに悲しいと思う金額になります。

したがって、最初は勝っても負けても感情が動かない金額でトレードをするのが理想的なのです。

投資資金を少なくすることで感情の振れ幅がなくなり、メンタルコントロールがしやすくなります。

特に初心者の頃は、ちょっと物足りないなと感じるくらいの金額でトレードをするのがいいと思います。

上級トレーダーの「上手な」お金の増やし方

上級者ほど、目先の資産の上下は気にせず、投資を長期目線で考えています。短期的な勝敗に惑わされることなく、決して感情的にならず、真摯にトレードと向き合い、続けていくといったメンタルのバランスが重要なのです。

うまくいっているときはいいのですが、負け始めたときは、初心者とのテクニックの違いが如実に表れはじめます。

上級者は大勝ちこそしませんが、大負けもしません。

損失をコントロールしながら、着実に利益を積み重ねていくのです。

大負けをしないように、といった当たり前のことを今さら言うつもりはありませんが、いくら短期的に資産を増やせたとしても、その後に資金を減らしてしまっては意味がありりません。

トレードも、スロットやポーカーなどと同じく、1回当たりどのくらいの利益が出るか？　といった「期待値」で考えなければいけません。

いくら短期で利益を上げることができたとしても、トータルで利益が出ていなければ意味がないのです。

一時的な勝ちではなく、勝ち続けなければ資産は増えません。

勝ち続けるといっても、連勝し続けなければいけないというわけではなく、負ける金額を限定的にして、全体の収支のバランスを取っていく必要があるのですが、ここを理解していない人がほとんどのように感じます。

トレードは資産を増やしていくことが目的です。

ですが、途中で大損をしてしまうと、かなりのハンデを背負ってしまいます。

たとえば、100万円の資金を運用して、50万円の利益を出すとします。そのためには、元本に対して50％の利回りが必要です。

しかし、一度損をして運用資金が50万円になってしまった場合はどうでしょうか？

元本に対して100％の利回りを出さないと、50万円の利益を出すことができません。その差は2倍です。

つまり、損をして元本を減らしてしまった場合、原点回帰するだけでもかなりの苦労をするということです。

資金を増やしていく過程においても、途中で大きな損を出さないことは絶対条件となります。大きな利益を得ることよりも、「得た利益をどう守っていくか？」が重要になってきます。

それができるかできないかが、初心者と上級者の大きな違いです。

また、大きな損失は、メンタルにも大きなダメージを与えます。

たとえば、あなたが長年、毎月5万円を積み立ててきたとします。でもある日、その積立していたお金をすべて盗まれてしまいました。これからも、またゼロから同じモチベーションで毎月5万円を積み立てられるでしょうか？

トレードでもしっかり資金管理やルールに従って、毎月5％の高い利益を上げていたとします。

でもあるとき、資産の大半を失うようなトレードをしてしまったとします。そうしたら、その後にまたしっかりルールを守ったトレードを行っていけるでしょうか？

嫌気がさして相場をやめてしまうかもしれません。そのくらい、ふりだしに戻ったときのダメージというのは大きいのです。

これは投資だけに限らずですが、モチベーションを失ったらおしまいです。

トレードは、実戦を繰り返しながら、座学で学び、トレード日誌なども書かなければいけません。

それらは決して楽な作業ではありません。やる気はトレードを行っていく上で重要なファクターです。

そのために、リスク管理を徹底して、やる気を失うような大きな損だけは絶対に出さないようにしましょう。

定期的な「休み」と「運動」を入れる科学的根拠

何事にも休息は大事です。

相場格言である**「休むも相場」**と軽々しく言うつもりはありませんが、やはり、トレードにおいて休息は非常に大切です。

「いやいや、トレーダーはトレードをしてナンボでしょ」と思われるかもしれませんが、トレードは休まずに愚直に繰り返していれば、利益が積み上がっていく、という単純なものでもありません。

過去の僕がそうだったのですが、まさに負ければ負けるほどむきになってトレード回数を増やし、一刻も早く負けた分を取り戻そうと、日々稚拙なトレードを繰り返してしまいました。

そういった時というのは得てして、感情に任せた取引や、ルールにない飛びつき買いなんかをしてしまいがちです。

トレーダーとして大成していくためには、「トレードをしない時間をいかに有意義に使えるか」が大事です。

その時間を過去の失敗トレードの振り返りや手法の改善、新たな手法を開発したりする時間として使うのです。

ウォーレン・バフェットの**「自分の進むべき人生の目の前に霧が立ち込めたのなら無闇に進む必要はない。霧が晴れるのを、爪を研いで待っていればいい」**という言葉もあります。

科学的にも、忙しくて脳が過密状態になると新しいアイデアが出づらくなるということがわかっています。

ある実験で、7桁の数字を暗記してもらったグループと、2桁の数字を暗記してもらったグループに分けて、その後に創造性（クリエイティビティ）を測るテストをしたところ、**「7桁の数字を暗記させられたグループはアイデアが出づらくなった」**という実験結果があります。

つまり、忙しくトレードばかりしていると、過去を振り返る時間がなく、手法の改善もできず、トレーダーとしてのレベルも上がりづらくなってしまうということです。

また、**「木こりのジレンマ」**というお話もあります。


ある木こりが木を切っていました。

そこに通りかかった旅人が見たのは、一生懸命木を切っているのにもかかわらず、なかなか木を切ることが出来ていないきこりの姿です。

なぜかと思い、そばに近寄ってみると斧が刃こぼれしていました。

そして旅人はこう言いました。

「少し休んで、斧を研いだらどうですか？」

すると木こりは言いました。

「わかっちゃいるんだけど、木を切るのに忙しくてそれどころじゃない」


まさにこれです。少し休んで斧を研ぐだけで、今後の作業を効率的に進めることができるのです。

日々、休まずトレードをしている人は、この木こりと同じようになってしまっている可能性があります。

一生懸命にやっても結果はでないときもあるし、離れてみてわかることもあります。

日々、勉強して頑張ってトレードをしているのに全然勝てないというときには、いったん休息をとって、相場と距離を置いてみるといいでしょう。

あとは、休むだけでなく軽い運動や筋トレも大事です。

軽い有酸素運動や筋トレをすることによって、テストステロンが分泌されて、やる気やモチベーションが向上します。

ケンブリッジ大学の研究によると、**「株やFXなどの金融トレーダーは男性ホルモンのテストステロンの濃度が高いほど好成績を上げている」**という報告があります。

さらにセロトニンの分泌も高まることで、精神を落ち着かせることができるので、トレード中のメンタルの安定にも繋がります。

また、アップルCEOのティム・クックやフェイスブックCEOのマーク・ザッカーバーグも日常に運動習慣を取り入れています。

ハーバードメディカルスクールの研究でも定期的なエクササイズが記憶力、集中力、認知機能の向上に役立つことが立証されています。

ただ休むだけでなく、合間に軽い運動や筋トレも取り入れてみるといいでしょう。

あとがき

僕はこれまで、20年近くトレードをしてきて、数え切れないほどの失敗をしてきました。その間、相場を始めたばかりの初心者が陥ってしまうであろう失敗は、あらかたしてきたと思います。

本書では、その中でも特に失敗しやすいバイアスや罠、実際に僕が、初心者の頃に原体験したものに絞って書きました。

相場をすでに経験している方は特に、「なるほど！」「そうか！」と膝を打った方も多いと思います。

しかし、投資に限らず、そういった知識というのは、ただ頭の中の抽象概念ではなく、実際に「身についている」ということが重要です。

わかっていても実行できない、というのが投資の難しいところで、目の前で自分の虎の子のお金が増えたり減ったりしている状況で、正しい知識をきちんと行動に移せる人は少ないです。

たとえば、含み損を切るときは「損失回避の法則」が働き、含み損のポジションを保有し続けてしまう心理があります。

しかし、過去に僕はそれを知っていたのにもかかわらず、行動に移すことができず、大損を出してしまったのです。

本やネットで知識を得て、そのときは理解したつもりでいたのですが、実際には何もわかっていなかったのです。

もちろんそういったことは、本書で書いている心理学の知識やメンタリズムを使って回避することができます。

しかし、人間というのは不思議な生き物です。自身の体験に基づいていない知識は、本当の意味で理解はできていないのです。よって、知識だけでは100％そのバイアスや罠を回避することができないのです。

僕は本が好きで、これまでさまざまな本を読んできました。

著者の主張や解釈などに感銘を受けたりもしましたが、それらを真に理解するためには、それを肉づけするための基幹としての考え方や、自身の経験が必要だということがわかりました。

本書で書いた知識をただの知識としてではなく、是非これからあなた自身で試してみて、その知識を実戦で使える「生きた知恵」へと昇華させていただきたいと思います。

「序章」では、「書籍を読んだだけでは投資で勝てない」という話を書きました。無論、本書も同様に、ただ読んだだけでは、勝てるようにはならないでしょう。

繰り返し読み、実戦で使って、それをフィードバックして、分析や改善を重ねていくことで、初めて使える知識となるのです。

とりわけトレードにおいては、初期の頃は結果が出づらく、初めは大抵の場合うまくいきません。そのせいで、僕自身も現在に至るまでに、何度もトレードをやめようとしました。

人間の脳は基本的に短期的な思考に目が向くようにできています。ですから、無理にでも長期的な思考に目を向けるようにしないと、努力が結果に結びつかないときに、モチベーションを落としてしまいます。

トレードでうまくいくためには、すぐに結果を求めようとするのではなく、ゆっくりでもいいので着実に成果を出せるような志でいることが大切です。

これは他の分野にも言えることですが、すぐに結果が出るということは稀《まれ》です。

むしろ、あまり努力をせずに結果が出てしまったときこそ危険で、その驕りから後に大損を出す可能性があります。

結果をすぐに求めてしまう気持ちはわかります。

けれども、その気持ちをぐっと堪えて、結果にフォーカスするのではなく「成功よりも成長」を意識してトレードを続けていってほしいと思います。

最初は結果がでないことを当たり前と思うくらいでちょうど良いです。

トレードにおいて、負けというのはありません。

「負けは、勝つための途中過程」です。

きっとこの本を読んでいただいた皆さんは、意識が高く、勉強家だと思います。

投資を続けている途中で、壁にぶつかることもあるでしょう。

それも何度も、です。

でもそんなとき、安易にすぐに人に答えを聞かず、考えて考えて、考え抜いてみてください。

きっと、その過程で得られるものは大きいことでしょう。

ただ、それでもどうしても答えが見つからず、にっちもさっちもいかなくなったときは、いつでも僕に相談してください。

僕のtwitter（@nihontoshiconsa）のＤＭや公式のＬＩＮＥなどにご連絡いただければと思います。話し合いや意見交換などをしましょう。

本書を通して、心理学やメンタリズムの知識に興味を持っていただけたならば、より深く、より子細な部分をＹｏｕＴｕｂｅでも解説しているので、時間のあるときに手を伸ばしていただけたら幸いです。

最後までお読みいただき、ありがとうございました。

２０２０年11月

投資家メンタリストＳａｉ

参考文献

・『ファスト&スロー（上）（下）あなたの意思はどのように決まるか？』
ダニエル・カーネマン（著）村井章子（訳）早川書房

・『スタンフォードの自分を変える教室』
ケリー・マクゴニガル（著）神崎朗子（訳）大和書房

・『デイトレード　マーケットで勝ち続けるための発想術』
オリバー・ベレス／グレッグ・カプラ（著）林康史（監訳）藤野隆太（訳）日経ＢＰ社

・『まぐれ―投資家はなぜ、運を実力と勘違いするのか』
ナシーム・ニコラス・タレブ（著）望月衛（訳）ダイヤモンド社

・『スノーボール　ウォーレン・バフェット伝』
アリス・シュローダー（著）伏見威蕃（訳）日本経済新聞出版社

・『幸福優位7つの法則　仕事も人生も充実させるハーバード式最新成功理論』
ショーン・エイカー（著）　高橋由紀子（訳）　徳間書店

・『投資で一番大切な20の教え　賢い投資家になるための隠れた常識』
ハワード・マークス（著）　貫井佳子（訳）　日本経済新聞出版社

・『図解でわかるランダムウォーク&行動ファイナンス理論のすべて』
田渕直也（著）　日本実業出版社

・『確率論的思考　金融市場のプロが教える最後に勝つための哲学』
田渕直也（著）　日本実業出版社

・『ゾーン 最終章 トレーダーで成功するためのマーク・ダグラスからの最後のアドバイス』
マーク・ダグラス／ポーラ・T・ウエッブ（著）　長尾慎太郎（監修）　山口雅裕（訳）　パンローリング

投資家メンタリストSai（サイ）
1983年東京生まれ。投資歴は18年、専業トレーダー兼YouTuber。大学在学中にアルバイトで貯めたお金で投資を始めるも、数ヶ月で数百万円の損失を出してしまう。さらに数年間続けるが、会社員時代には自身の年収以上の額を一瞬にして失い、700万円以上の借金を抱える。
そこから意識改革をし、自分の人生の可処分時間をすべて投資の勉強や心理学、過去の手法検証に捧げた。不屈の精神で投資を続け、長い暗黒時代を経てようやく知識とメンタル、手法の礎を築き上げ、毎月安定して7～8桁の収益を出している。
現在は、YouTubeやTwitterなどで、それまでの自身の経験をもとに投資の知識や実践で使える心理学の知識を発信している。

■YouTube
https://www.youtube.com/c/pazudorasyoshinsyanihontoshi
■Twitter
https://twitter.com/nihontoshiconsa

自分《じぶん》のマインドを自在《じざい》に操《あやつ》る超投資法《ちょうとうしほう》
最新《さいしん》のメンタリズムで分《わ》かった「失敗《しっぱい》しない」お金《かね》の増《ふ》やし方《かた》

2020年11月27日　初版発行
2023年10月20日　4版発行

著者／投資家《とうしか》メンタリストＳａｉ《サイ》

発行者／山下　直久

発行／株式会社KADOKAWA
〒102-8177　東京都千代田区富士見2-13-3
電話　0570-002-301(ナビダイヤル)

印刷所／TOPPAN株式会社

●お問い合わせ
https://www.kadokawa.co.jp/（「お問い合わせ」へお進みください）
※内容によっては、お答えできない場合があります。
※サポートは日本国内のみとさせていただきます。
※Japanese text only

定価はカバーに表示してあります。

ISBN 978-4-04-605032-8　C0030